DISSERTATION

SUR LE

ROMAN DE RONCEVAUX.

DISSERTATION

SUR LE

ROMAN DE RONCEVAUX

PAR H. MONIN

ÉLÈVE DE L'ÉCOLE NORMALE.

PARIS.

IMPRIMÉ PAR AUTORISATION DU ROI

A L'IMPRIMERIE ROYALE.

M DCCC XXXII.

A
MON PÈRE.

HOMMAGE

DE RESPECT ET D'AMOUR FILIAL

Je ne pense pas que *le Roman de Roncevaux* ait été publié, même par extrait. Je n'en connais que deux manuscrits, Bibliothéque royale, 7227/5 et suppl. 254/21. Ce dernier n'est qu'une transcription récente d'un ancien manuscrit : l'autre est du XIIIe siècle ; mais il manque tout le commencement, jusqu'au récit de la bataille (plus de 1500 vers).

Dans les notes, je donne la signification de beaucoup de mots interprétés depuis long-temps, afin que ces notes dispensent de recourir à un glossaire, et que rien ne retarde le lecteur. C'est dans la même intention que je place ici la déclinaison de quelques-uns des mots les plus employés de ce roman. On sait que la règle générale de la déclinaison romane est la présence de l'*s* aux nominatifs et vocatifs singuliers, et son absence aux nominatifs et vocatifs pluriels, excepté seulement les noms féminins terminés en *e* muet, qui suivaient en tout les règles de notre grammaire actuelle.

SING. *Sujet.*	*Régime.*	PLUR. *Sujet.*	*Régime.*
Dus, *duc.*	Duc.	Duc.	Dus.
Cuens, cons, *comte.*	Comte.	Comte.	Comtes.
Bers, *baron, preux.*	Baron.	Baron.	Barons.
Barnez, barnaiges, *baronnage.*	Barnaige.		
Dex, *Dieu.*	Deo, Deu.		
Dox, diauls, *deuil.*	Doil.		
Os, *ost, armée.*	Ost.	Ost.	Os.
Charlles, Karlles, *Charles.*	Charllon, Charlle, &c.		
Guenes, Ganes, *Ganelon.*	Guenellon, Guene, Gane.		
Nuls, nus, *nul.*	Nul.		
Mes, *mon.*	Mon, mi.	Mon, mi.	Mes.
Nos, *notre.*	Nostre.	Nostre.	Nostres.

Dans mes deux manuscrits, ces règles sont suivies très-exactement, si ce n'est quand plusieurs mots qui s'accordent ensemble demandent un *s ;* alors on ne le trouve ordinairement qu'une ou deux fois. C'est sans doute ignorance de copistes, mais j'ai dû me conformer à l'autorité des manuscrits. Il faut faire attention à cet usage des cas, qui permet des constructions fort obscures dans notre langue actuelle, et, entre autres, la suppression habituelle des prépositions *de* et *à*. (Pour plus de détails, voyez surtout les *Observations grammaticales sur le Romun de Rou,* par M. Raynouard.)

LE ROMAN

DE

RONCEVAUX.

(Li Romans de Roncisvals.)

———

On connaît l'immense renommée de Roland et de la bataille de Roncevaux pendant tout le moyen âge. Il existe sur ce sujet un roman fort curieux, d'environ 8000 vers, intitulé *le Roman de Roncevaux*. Nous essaierons de donner une idée de ce roman, au moyen d'une analyse détaillée et de quelques longues citations; ensuite nous l'examinerons tant en lui-même que dans ses rapports avec l'histoire.

Il commence avec une sorte de brusquerie guerrière :

> Charlles, li rois à la barbe grifaigne [1],
> Six ans toz plenz [2] a esté en Espaigne;

[1] *Grifaigne,* mot emprunté à la fauconnerie. Le *grifaigne* est l'épervier parvenu à son plus haut point de force et de beauté. Cf. Roman de Roncevaux : « Li cons Rolant à la chiere (*visage*) grifaigne. » — Dante, *Inferno*, c. v : *Cesare armato coi occhi grifagni.*

[2] Dans un autre passage du même manuscrit : *Douze ans toz plens.*

*1.

Conquis la terre jusque la mer altegne.
En meint estor fut véu ses enseigne.
Ne trove borc ne castel qu'il n'en plagne,
Ne mur tant aut qu'à la terre n'en fragne;
Fors Saragoce, au chef d'une montaigne.
Là est Marsilles, qui la loi Deo ne dagne.
Mahomet sert; moult fait folle gaagne.
Ne poit durer que Charlles ne le taigne.

« Charles, le roi à la barbe *griffue,*
» Six ans entiers est resté en Espagne.
» Il y a conquis la terre jusqu'à la mer profonde.
» En maint combat fut vu son étendard.
» Il ne trouve bourg ni château qui ne s'en lamente,
» Ni mur si haut qui ne s'en brise contre terre;
» Excepté Saragoce, au haut d'une montagne.
» Là est Marsile, qui dédaigne la loi de Dieu.
» Ce roi sert Mahomet; il y fera mauvais gain.
» Avant peu de temps Charles le tiendra. »

Ce roi Marsile, épouvanté de son isolement au milieu de l'Espagne conquise, demande conseil à ses barons. Aucun d'eux ne sait quel parti il faut prendre : enfin Blankardin, le plus sage baron de Marsile, se lève,

Dist à Marsille : « Ne vous quier esmailler[1].
Mandez Charllon l'orgoilleux et le fier
Foi et salut par vostre messajer[2].

---

[1] Je ne veux pas que vous vous inquiétiez.
[2] Ambassadeur.

Tremetez-lui[1] meint auferant destrier[2],
Faucons muez[3] pour aller rivoier[4],
Meuntes de chiens li donez por chacier,
Ours et lions por li estranier[5],
Cinquante chars li faictes caroier[6],
Qui comble soient de fins bezans d'or mer[7],
D'où il pourra loer maint soldoier.
Aut s'en en France; ben se doit repairer[8].
Voz le jurez[9], à feste saint Micher[10]
Ses hom serez, s'il le velt otroier;
Trestote Espaigne en terez à bailier[11].
S'il velt ostajes, faites li envoier
Ou quinze ou vint, pour lui miex afaitier[12],
Et je i tremetrai lo fil de ma moillier[13]

[1] Transmettez.

[2] *Auferant*, cheval de bataille. *Destrier*, en deux syllabes. En général, la finale *ier* ne forme qu'une seule syllabe.

[3] Le faucon, parvenu à un certain âge, est moins exposé aux maladies. Dans la loi des Ripuaires, un faucon à prendre la grue est estimé *VI solidi*; un faucon mué (*falco mutatus*), *XII solidi*.

[4] C'est-à-dire, de chasser le long des rivières; chasser au héron, à la grue.

[5] Pour le divertir.

Charrier. (Le changement du *c* en *ch* étant continuel, je n'expliquerai plus les mots où il se présente.)

[7] Pur.

[8] Retourner.

[9] Vous *lui* jurez.

[10] *Micher* pour *Michel*, à cause de la rime.

[11] A fief.

[12] Apprivoiser.

[13] *Mulier*.

LE ROMAN

Por n'en douare[1] sans autre recovrer.
Mex vel[2] li rois li face detrenchier
Que nos sofrons d'Espagne cel dangier. »
Paien escrient : « Bien fait à otroier! »

Dist Blankardins li proz et li senez[3] :
« Per mé poing destre que voz ici véez,
Et par ma barbe dont li pels est meslez,
L'ost[4] des François lors deffaire verez.
Chascuns ira el reign dont il fu nez.
Charlles à Aix, et ses riches barnez[5]
Ou à Estampes ou à Paris delez.
A seint Michel ne[6] soit le jor donez.
Trespassera li termes qui nous sera donez,
N'osra[7] de nos novelles ne vertez.
Li empereres est mot[8] de grant fiertez,
Que[9] nos ostajes auroit lors degolez.
Assez est mex que vos les i perdez
Que nos perdons d'Espagne les reignez[10],
Ne qu'i sofrons les dox ne les lastez[11]. »
Dient paien : « Bon conseiller avez. »

(Man. 254, v. 37.)

[1] Récompense.

[2] Je veux mieux, j'aime mieux.

[3] *Sensé*, habile.

[4] Armée.

[5] Baronnage.

[6] *Ne* pour *en*. Cf. Roncevaux, man. 254 : *Là n'ert la joste de CM. esgardée.*

[7] N'ouïra. De même *vesra* pour *verra*, *mosra* pour *mourra*.

[8] *Mot* ou *moult*, beaucoup.

[9] De sorte que....

[10] Royaumes.

[11] Les deuils ni les gémissemens.

La proposition de Blankardin est agréée. Il est envoyé à Charlemagne avec neuf collègues, *qui sage sunt des lois*. Blankardin trouve à Cordoue l'empereur et son armée : le conseil des barons est rassemblé ; Blankardin fait ses propositions, Charlemagne fait les siennes ; il n'y a plus qu'à renvoyer un ambassadeur au roi Marsile.

Mais bien des ambassadeurs ont été envoyés au roi Marsile, et aucun n'est revenu ; tous ont été tués par ce traître païen. Alors, au milieu d'un silence solennel, les *preux* se lèvent et demandent à être envoyés. Le duc Nayme, Olivier, l'archevêque Turpin, se présentent l'un après l'autre. Charlemagne ne veut pas exposer à la mort ses meilleurs chevaliers, et trois fois il répète le même refus avec de légers changemens ; ce qui forme un refrain qui n'est pas sans grandeur.

> Ce dist li rois : « Soiez coiz et taisanz ;
> Par cette barbe dont li poils est feranz[1],
> Alez séoir. N'i serez pas alanz.
> N'en parlez plus. S'en[2] est li mes comanz. »
> (Man. 254, v. 331.)

Roland, le plus *vassal* des barons français, ne peut songer à se présenter lui-même ; car il est le chef de l'armée après son oncle Charlemagne : mais, en cette qualité de chef, il propose pour ce message dangereux le mayençais Ganelon, second mari de sa mère, et par

---

[1] *Feriens*, c'est-à-dire, piquant.
[2] *Si* affirmatif.

conséquent beau-frère de Charlemagne. Les Français s'écrient qu'ils n'en savent pas un meilleur ; que, s'il y va, le message sera bien fait. L'empereur le nomme. Mais Ganelon craint la mort ; Ganelon est furieux contre Roland, et jure de se venger.

> « Tex [1] m'a irrié [2] ja n'en ira riant.
> Chier li vendrai, par lo mien esciant [3],
> Rollant ferai coroceux et dolant. . . .
>
> J'ai vostre mere que mot [4] bien lo savez.
> Jugé m'avez, par vos grant cruautez,
> Que par moi ert [5] ces mesajes portez
> Au roi Marsile, qui tant parest [6] deloez.
> Onques nus n'i ala qui en soit retornez.
> Si j'en repaire [7], grand danmage i aurez,
> Qui durera en trestot vostre aez [8]. . . . »
>
> Rollans l'entent, n'en puet muer n'en rie [9]. . .
>   (Man. 254, v. 436.)

Ganelon part enfin : les menaces terribles de Charlemagne l'ont contraint à obéir. Il recommande une

---

[1] Tellement.

[2] Irrité.

[3] A mon avis.

[4] Pour *moult*.

[5] Sera. Ce mot s'emploie dans le sens d'*crat, eratis; erit, eritis*.

[6] Dans *parest, par* ajoute à la force du mot : ce n'est point le sens de notre mot *paraît*.

[7] *Repairer*, revenir.

[8] *Aez*, âge, vie.

[9] Ne peut s'empêcher d'en rire. *Muer*, de *mutare*, de même que *aez*, d'*ætas*.

dernière fois son neveu et son fils à ses amis qui reverront la *douce* France. Blankardin et Ganelon marchent silencieusement pendant beaucoup de lieues; enfin le sensé Blankardin parvient à faire parler Ganelon de sa haine contre Roland. De là ils sont amenés à parler des prouesses de ce vaillant chevalier et des conquêtes de Charlemagne. Ganelon dit au Sarrasin :

« A Saragoce fera maint cuer dolant.
Parmi Espaigne s'en ira conquisant. »
« Ne finera d'ici qu'en baligant[1],
Dist li paiens, qu'alez ici disant. —
Ja n'en garrez, nes[2] en Inde la grant.
N'i ot mesage qui n'en ait poor grant. »

Li Sarazins esgarde Guenellon.
Cors ot bien fait et clere la façon,
Lo neiz ot beas et chiere[3] de baron,
Proesce[4] ot grant, — et regart de fellon.
Li cors li tremble aval jusqu'al talon.
Isnellement[5] li atrait un sermon.
« Sire, dit-il, escoutez ma raison.
Qui de Rollant vos prendroit vengison,
Per Mahomet, s'en faites traïson ?
Mot est cortois li rois Marsilion :
Tote sa terre vos metra à bandon,
De son avoir aurez grant partison,

---

[1] *Baligans*, fanfaron, vaurien.
[2] *Nes*, même.
[3] Visage.
[4] Vigueur.
[5] Promptement.

> Or et argent, pailes et ciglaton[1],
> Muls et chevaux, chamels, ors et lion. »
> Guenes l'entend. Si baissa lo menton ;
> D'une grant piece ne dist ni o ni non.
>
> (Man. 254, v. 607.)

Lorsque Ganelon est arrivé à Sarragoce, les Sarrasins se servent de sa haine contre Roland, de son amour pour les richesses, de sa crainte de la mort, pour le décider à une infame trahison. Il enseigne à Marsile comment il pourra faire périr sans danger Roland et les autres pairs : il n'a qu'à attaquer l'arrière-garde des Français au passage des Pyrénées. Les douze pairs ne peuvent manquer de s'y trouver : une fois que Charlemagne les aura perdus, sa puissance sera détruite à jamais. Le traître (*qui soit de Deu eschis!*) part chargé des présens de Marsile et de ceux des *barons* sarrasins.

Ganelon annonce à Charlemagne que Marsile accepte ses conditions, et il lui amène vingt otages. Aussitôt le vieil empereur

> à la barbe meslée,
> Vers douce France a sa grant ost tournée.

Dans sa route, il a des songes menaçans, des songes de trahison. L'armée arrive au pied des montagnes : Roland est chargé de l'arrière-garde; il accepte ce poste dangereux. Mais les menaces de son beau-père Ganelon lui sont restées dans la mémoire; il s'écrie : « Ganelon

---

[1] Manteaux (*pallium*). — Étoffes de laine ou de soie.

nous a trahis ! c'est ici que je dois mourir; je ne verrai
plus jamais la douce France! » Et puis, quand Charle-
magne lui offre la plus grande partie de son armée pour
former l'arrière-garde, Roland s'indigne.

> Respont Rollans : « Ja ne sera pensé,
> Mex voil [1] morir que face tel vilté.
> Mil chevalier me remarront armé,
> Segur de cuer, et vassal aduré.
> Passez les porz à droite séurté.
> Mar douterez home de mere né [2]. »
>
> (Man. 254, v. 1142.)

L'armée passe les défilés ; Roland est resté avec
vingt mille hommes d'élite, qui formaient ordinairement
l'avant-garde. Il a sous lui les plus braves guerriers de
son oncle, les Olivier, les Turpin, les Garnier.

> Haut sunt li pui [3] et li val tenebror,
> Les roches dures et pui de grant auchor [4].
> François passerent le jor à grant dolor.
> De quatre lieues oïsiez la rumor.
> Quant il aprochent la terre lor seignor,
> Remembre lor de fiez [5] et des onor
> De lor enfanz, et des gentis véor [6].
> N'i a celui qui de pitié ne plor.

[1] J'aime mieux.

[2] « A tort vous aurez douté d'un homme comme moi. » Cette locu-
tion singulière *de mere né* se retrouve plusieurs fois. On la rencontre
aussi dans les chants populaires des Serbes.

[3] *Pui,* montagnes. *Le puy de Dôme.*

[4] *Auchor,* élévation, de *haucher,* hausser.

[5] De leur fidélité.

[6] *Sic.*

Sor toz les autres a Karlles grant dolor,
C'as porz d'Espagne a laisié son nevor [1].

Li douze pair sont remez [2] en Espaigne;
Vint mile Franc avoit [3] en lor compaigne.
N'i ont poor ne de morir desdaigne.

Li empereres s'en repara en France,
Plore des oils, tire sa barbe blance,
Sor son mantel enfuit sa connoissance.
De derier lui chevauche li dus Nayme.
Si dist au roi : « De cui avez pesance ? »
Charles respond : « Tort a qui le demande.
Tel dolor ai, ne puis muer [4] ne plange.
Par Guene s'ert deserte tote France!
C'annuit me vint, par la vision d'un angle,
Entre mes poinz me debrisoit ma lance.
Grant poor ai mes niez Rollant remaigne.
Dex, se jel pert, ja n'en aurai escaigne [5]. »

Charles li maines ne puet muer ne plor
Vint mil François. En ot mot grand dolor
Et de Rollant merveilleuse poor.
Guenes li fel en a fait traïsor [6].
D'au roi paien a pris mout grant tresor,
Or et argent, pailes et ciglator [7],
Muls et camels, chevax, lions et or.

(Man. 254, v. 1107.)

---

[1] Pour *nebot*, cas indirect de *niez*.

[2] Restés.

[3] Il y avait.

[4] Remarquez cette suppression continuelle de la conjonction *que*.

[5] Je ne posséderai plus la valeur d'un *écheveau* de fil.

[6] Pour *trahison*.

[7] Pour *ciglaton*, étoffe de soie.

Le lendemain fut le jour de la bataille de Roncevaux.

> Beaus est li jor, clere est la matinée.
> Li solaus lieve qui abat la rousée ;
> Cil ousel cantent parmi cele ramée ;
> Li arcivesque bers a la messe cantée ;
> Li cons Rollans l'a de cuer escoutée,
> D'une once d'or l'a li cons honorée.
> (Man. 254, v. 1561. — Man. 7227, f° 1 r°, couplet 2.)

> . . . .
> Li cons Rollans a s'orison [1] finée ;
> L'aigue [2] du cuer li est ez els montée,
> Aval la face li est clere colée [3].
> Vers douce France a la reïsne astée.
> Droit à son tref [4] a sa voie tornée,
> Et vit François qui s'arment par la prée :
> Vint mile furent à enseigne tornée [5].
> (Man. 254, v. 1613. — Man. 7227, f° 1 r°, c. 4.)

Ensuite est racontée fort longuement la toilette militaire des principaux chevaliers. Au moment où la bataille va commencer, Olivier propose à Roland de sonner de son fameux cor d'ivoire, pour être secouru par Charlemagne. Il a déjà insisté à plusieurs reprises sur ce sujet, dès qu'on a connu l'approche des Sarrasins, et déjà

---

[1] Son oraison.

[2] *Aqua.*

[3] Coulée.

[4] Tente.

[5] Retournée. (Ils allaient du côté de la France, maintenant ils se tournent de l'autre côté.)

Roland s'y est refusé avec indignation. La même scène
se représente presque dans les mêmes termes.

> Li cuens Rollans ne fu pas effraez
> Devant lui fu Viellantins amenez.
> Li cuens i monte com vassaux adurez.
> Dist Oliviers li preus et li senez :
> « Sire compains, envers moi entendez.
> Vostre olifans [1], se il estoit sonez,
> Karlles l'orroit, li fors rois coronez.
> Je vos plevis [2] ja serroit retornez,
> Secorroit nous par vives poestez. »
> Respont Rollans : « Ce seroit foletez.
> Ja Deu ne place, — qui en crois fut penez,
> Et ou sepulcre et couchiez et posez,
> Et au tierz jor de mort resuscitez,
> Droit a enfer fu ses chemins tornez,
> Por ses amis traire de dolentez, —
> Que mes parrastres soit ja per moi grevez.
> Ains i ferrai de Durandart assez [3],
> Ma bone espée qui me pent à mon lez [4].
> Touz en sera mes brans [5] ensainglentez.
> Felon paien touz nouz ont enchantez.
> Miex ains morir que face tex viltez ! »
>
> Dist Oliviers, à la chiere membrée :
> « Sire compains, car sonez la menée
> Que je vouz ai hui autre fois rouvée ;

[1] Cor.
[2] Je vous garantis.
[3] Beaucoup.
[4] *Lez*, côté.
[5] Lame.

Si l'orra Karlles de France la loée,
Secorra nouz en estrange contrée.
La gens d'Espaigne ne vient pas effraée,
Chascuns soz l'iaume [1] a la teste enclinée.
Se Dex m'aït et la vertus nommée [2],
Bien semblent gens de bataille aprestée. »
Out le Rollans, si redit s'alenée [3] :
« Ne place à Deu, qui fist ciel et rousée,
Ne Marien [4], la pucele senée,
Que por paiens i face ja cornée.
Ainz i ferrai de Durandart m'espée.
De ci qu'au poing [5] sera ensanglantée.
Felon paien mar virent la jornée.
Miex voil morir que France en soit blasmée! »

Dist Oliviers : « N'en doit avoir hontaige.
Je ai véu d'Espaigne le barnaige :
Couvert en sont li mont et li valaige,
Et li larriz [6] environ le boischaige.
Grans est les os [7] de cele gent sauvaige.
Ce m'est avis segond le mien pensaige,
Fust i li rois [8], n'i éussiez dammaige.
El cor sonner n'éust pas grant otraige. »
Respont Rollans : « Ne me vient en coraige.

---

[1] Casque, heaume.

[2] Que Dieu m'aide, et sa puissance *renommée*, glorieuse!

[3] Paroles prononcées d'une haleine.

[4] Cas indirect de Marie.

[5] Poignée.

[6] Bruyère.

[7] L'armée. Il faut peut-être lire *li os*.

[8] *Si le roi y eût été*. Cette tournure est familière dans le vieux
français.

Ja Dieu ne place [1] qui fit chascun lainguaige.
Asez voil miex [2] devancier mon éaige,
Que cist paien aient de noz chavaigne [3],
Ne que par moi ait France resprouvaige,
Ne nouz perdons par euls nostre heritaige. »

Rollans fu preus et Oliviers fu ber [4],
Paringal furent et compaignon et per.
Puisque ce vint à lor armes porter,
Miex aiment à morir que bataille eschiever.
Preu sont li comte, haut prisant à parler :
« Païen chevauchent, si font lor ost serrer,
Dist oliviers; or les poez mirer.
Tant i en a, nus le les puet esmer.
Vostre Olifant ne deignastes sonner,
Loins nous est Karlles, tart iert du retorner [5]
Fust i li rois, ce os bien afier,
Ja cil paien ne l'osaissent panser [6].
Envers Espaigne deveriez esgarder.
De grant dolor vouz porroit ramembrer.
L'arriere-garde fait moult à redouter [7].
Cist nos feront les coraiges trobler.
Jamais cest jor ne porrons trespasser [8].
Dex penst des armes [9] — qui tout a à sauver. »

[1] Ne plaise.

[2] J'aime beaucoup mieux.

[3] Rançon par tête de prisonnier; mot formé de *chef*.

[4] Baron, c'est-à-dire, courageux.

[5] Tardif il sera à retourner.

[6] « Si le roi y eût été, j'ose bien l'affirmer, ces païens n'auraient pas même la pensée de cela (de nous attaquer). »

[7] « Mérite beaucoup d'être redoutée. »

[8] « Jamais nous ne pourrons passer ce jour. »

[9] Ames.

« Tais, Oliviers, ne te chaut desperer.
Fel[1] soit li cuers puisqu'il weut coarder.
Quant ce venra as ruistes cops donner,
Nouz demorrons à estal pour chapler[2];
Nouz trouverons maint demainne[3] et maint per. —
Quant serons mort, ben ferons à plorer[4]. »

Quant voit Rollans que la bataille aura,
Tant parfu fier que lyon resambla :
« Sire compains, mais voz nel direz ja.
Li empereres, qui Francois nos laissa,
Son anciant[5] coart home n'i a. —
Por son seignor quant on bien l'amera,
Doit hon sofrir ce que li avenra,
Et endurer le mal qu'il trovera,
Le cuir, les os, et la char qu'il perdra.
Fier[6] d'Hauteclere, et je de Duranda,
Ma bonne espée que Karlles me dona,
Se je i muir, dire puet qui l'aura :
« Iceste espée, vassaus hom la porta. »

Li arcivesques qui preus fu et eslis
A bien ces mots entendus et oïs.
Le destrier broche[7], si monte en un laris[8];
Francois après. Gent sermon lor a dit :
« Seignor baron, Karlles vos a norris,

___

1 Félon.
2 « A cette place pour frapper. »
3 Seigneur (*dominus*).
4 « Nous mériterons bien d'être pleurés. »
5 A son escient.
6 Frappe.
7 Éperonne.
8 *Si*, à peu près dans le sens de *et*. — *Laris*, bruyère.

> Por vostre roi devez bien iestre ocis.
> Or soiez preu por Deu de paradis,
> Crestienté n'ait de vouz mauvais cris.
> Bataille aurez, bien en soit chascuns fis [1].
> Car à vos iex véez vos anemis.
> Tendez vos mains, si proiez Deu merci [2].
> Gardez chascuns ait ses pechiez jehis [3].
> Quant vos aurai absols et beneïs,
> Cil qui morra de Deu soit très bien fis. »
>
> (Man. 7227, f° 2 v°, c. 2. — Man. 254, v. 1864.)

Bientôt après commence un terrible combat. Le neveu de Marsile sort des rangs pour insulter les Français : il est tué du premier coup par Roland.

> « Cest premier coup sunt nostre *Diex aïe !* [4] »

Le frère de Marsile vient ensuite, injuriant Charlemagne : Olivier lui passe sa lance au travers du corps.

> .... « Monjoie ! la baniere [5] Charllon !
> Ferez, François, car moult car nouz vendrons. »

Un roi de Barbarie ose encore insulter les Français ; Turpin le tue :

> « Baron Francois, pri vous de bien ferir.
> Cist premier coup sunt nostre *Deu plasir !* [6] »

---

[1] Assuré.

[2] « Priez à Dieu pardon. »

[3] Confessés.

[4] « Dieu aide ! »

[5] *Bannière* et *enseigne* se prennent pour cri de guerre.

[6] « Au plaisir de Dieu ! » exclamation militaire.

Après beaucoup de beaux faits d'armes, les Français
sont enfin accablés par le nombre : ils trouvent d'ail-
leurs des vassaux redoutables parmi les Sarrasins. Roland
lui-même est épuisé, dénué de tout espoir; alors enfin
il veut bien sonner du cor : mais Olivier lui répond
ironiquement qu'il ne veut pas.

> Lors dist Rollans au preu comte Olivier :
> « Sire compains, par Deu le droiturier,
> Ceste gent font forment à resoigner [1].
> Or cornerai sel volez otroier. »
>
> « Sire compains, ce dist li cuens Rollans,
> Or cornerai, s'il vouz vient à talans.
> Si l'orra Karlles, qui est as porz passans.
> Je vos plevis, s'empres [2] iert retornans
> Ensamble o lui li barnaiges des Frans. »
> Dist Olivier : « Vous en serez blasmans [3].
> Resprouvans iert à toz nos barons frans. —
> Quant jel rouvai [4] onques ne fus cornans,
> Ne ja par moi n'i serez mais cornans ;
> Car li corners n'est ot mie avenans.
> Je n'en doi iestre par nul home blasmans. »
>
> « Sire Olivier, dist Rollans li senez,
> Nostre bataille est moult fors, ce savez.
> Je cornerai se vous me le loez. »
> Dist Oliviers : « Vouz en serez blasmés,
> Vostre lyngnaiges en sera mains amez,

---

[1] Appréhender.

[2] « Certainement bientôt. »

[3] Pour *blasmez*.

[4] Demander (*rogare*).

Et (par celui qui en crois fu penez!)
Se venir puis el regne dont fui nez,
Ma seror [1] Aude jamais nul jor n'aurez.
Entre ses bras jamais nuit ne gerrez. »
Et dist Rollans : « Par Deu tort en avez.
Dex! aidez-moi par bonnes volentez. »

Li cuens Rollans, à la chiere hardie,
Oit Olivier, qui moult le contralie,
Par grant raison li dist sans felonie :
« Sire compains, par Deu, le fil Marie,
Vous me portez ranscunne et felonnie. »
Dist Oliviers : « Vous l'avez desservie [2].
Francois sont mort par vostre legerie.
Fust ci li rois, drois est que jel vouz die,
Prins fut Marsiles ou si perdist la vie.
Ceste bataille fust pieça departie. —
Vostre proesce iert hui toute fenie,
Jamais li rois n'aura de vouz baillie [3].
Vouz i morrez. France en ert abaissie,
Et je méismes n'en porterai la vie. »
Li uns por l'autre plore par compaignie.

Li arcevesques les oit contralier.
Celle part broche son bon corrant destrier,
Vint jusqu'à euls, s'esprinst à chastoier :
« Por Deu vouz proi, qui tout a à jugier,
Que ne vouz chaille ensamble à correcier.
Ja li corners ne nouz aura mestier [4],

[1] Sœur.
[2] Méritée.
[3] « N'aura de vous secours, protection. »
[4] Besoin.

Que hui cest jor morrons sans recouvrier.
Loins nouz est Karlles, tart iert au repairier. —
Et non porquant[1], se vouz poez aidier,
Ja cil d'Espaigne n'en iroient entier.
Nostre Francois, li baron chevalier,
Auz trouveront à moult grant destorbier[2],
Ploreront nouz, que nel porront laissier.
Panront les morz, si les feront couchier
Dedens la terre, sans point de detriier[3],
Et metrons nouz à œvre de monstier.
Que nule beste ne nouz puisse mengier. »
Dist Oliviers : « Bien fait à otroier.
Sire Rollans, se sonnez est li cors,
Karlles l'orra qui est passans as pors.
Si ramenra sa gent et ses effors.
Trouveront nouz et abatuz et mors,
Ploreront nouz pour les délis[4] des cors.
Je sai de voir que mains poins en iert tors,
Et maint chevel[5] esraigié dou chief fors.
N'en porront mais, perdu auront lor los. —
Et car sonnez, par Deu, tout le plus gros[6] ! »

Li cuens Rollans cui la raisons agrée,
Que l'arcevesques li a dite et contée,
De l'olyfant la lumiere dorée
Mist en sa bouche, si corne la menée.
Puis l'oït Karlles, de France la loée,

[1] Néanmoins.
[2] Trouble.
[3] Ou *detraier*, faire délai.
[4] Péchés.
[5] Cheveux.
[6] « Le plus fort que vous pourrez. »

As barons dist : « Nostre gens est meslée.
Vers Sarrazins ont bataille ajoustée. »
Ganes respont, quant cele a escoutée,
Et dist au roi : « Ceste avez controuvée. »
Sel deïst autres, mensonge fust prouvée !

Li cuens Rollant, à la chiere hardie,
A grant dolor (car forment a feblie,
La sois l'argüe, li chals le conjurie)
De l'olyfant a faite la bondie [1].
La maistre vene a rompue et partie.
Paiene gens en est moult esbahie.
Li plus séurs a sa voie acolie.
Quant Blankardins a l'enarme saissie [2],
A un destroit mist sa grant compaignie.
Dist Oliviers : « Por Deu, lo fil Marie,
Or voi grant bruit de la gent paiénie.
Or del bien faire, que Monjoie est fenie ! » [3]
En sus se traient une archiée et demie.

Blankardins fu et forz et conquerans.
O lui mil homes Sarazin et Persans. —
A moult grant painne et a moult grans ahanz
Et a dolor sonna son cor Rollanz.
De sa cervelle li temples est rompanz.
Parmi la bouche, li ist [4] fors li clers sanz.
Fors fu l'alene, la voix en fu moult granz.
Karlles l'oït, qui est as pors passans ;

---

[1] *Bondie, resbondie,* retentissement.

[2] « C'est alors que Blankardin a pris la courroie de son bouclier
(pour le combat). »

[3] « Or ça! pensez à bien faire ; car Monjoie est finie : bientôt nous
ne pourrons plus crier Monjoie. »

[4] *Issir,* sortir.

Naymes l'oït, qui est avec les Franz,
Et dist au roi : « Cil cors est combattans.
Rollans le sonne, ce est ses olyfanz.
Ainc nel sona se ne fust besoin granz. »
Ganes respont li cuivers souduians [1] :
« Ja iestes-vouz, et chenuz et ferranz,
Et vostres poils est touz chenuz et blanz,
Et vos paroles ressamble bien d'enfanz.
Assez savez l'orguel que a Rollans,
Il est moult baux, si est foux ses talenz [2].
Grant merveille est que Dex l'en est sofranz.
Ja prist-il Nobles [3] sans le vostre commanz.
Fors s'en issirent li Sarazin as champz.
Tuit s'entr'ocirent à lor espiés tranchanz.
Rollans le fiers, le hardi combatanz,
Se fist lever ens ez prés verdoianz,
Saisi les cors à toz les combatanz,
Qu'il volst li sans en fust aparisanz. —
Sor toz les pers est-il ore gabanz.
Por un seul lievre va toute jor cornant.
Chevauchez, rois. Ne soiez atarjant [4].
Terre major [5], qui tant parest vaillanz,
Loins est encor. Ne soiez detraianz.
A moult grant piece, n'i serez sejornant.

Li cuens Rollans son olyfant sonna.
Par tel vertu li temples li faussa,
Et la cervelle li fremist et mesla,

1 Pervers, séducteur.
2 Caractère.
3 Manuscrit 254 : Nobles-loi.
4 Tardant.
5 La France.

Parmi la bouche, li sans clers li raia [1],
Et le menton trestout ensainglenta.
Tint l'olyfant, tréiz fois le sona,
Que savoir weult se Karlles revenra.
Bruient li mont, et li vauls resona.
Bien quinze lieues li oïe [2] en ala.
François l'oïrent et Karlles l'escouta.
Et dist li rois : « Cil cor grant alainne a. »
Respont dus Naymes : « Que fors hom le sona. »
Li cuens Rollans ou cor se desmenta [3].
De grant vertu, l'oïe s'en ala.
Naymes li dus hautement s'escria :
« Drois empereres, je nel celerai ja.
Rollanz vos niez jamais ne vouz verra.
Cist fel la mort, qui feindre nouz rova [4] ! »
Respont li rois : « Se Deu plaist, si fera [5].
Criez Monjoie, chascuns s'arrestera,
Si secorrons nos amis qui sont lù.
Assez oez Rollans mestier en a. »

Nostre empereres a fait ses cors sonner,
Chascuns se painne de son cors adouber, &c.

(Man. 7227, f° 9 v°, c. 1. — Man. 254, v. 2945.)

  Mais c'est en vain que Charlemagne et toute son ar-
mée s'avancent précipitamment pour repasser les ports,
les douze pairs sont perdus. Il ne reste plus auprès de

---

[1] Rayer, c'est-à-dire, couler.
[2] Son.
[3] Tourmenta.
[4] « La mort à ce félon, qui nous pria de tarder ! »
[5] Sous-entendu *Rollans*, c'est-à-dire : « Mon neveu me verra. »

Roland que cinquante chevaliers. Roland les engage à
mourir sans hésiter pour la cause du Seigneur.

> « Baron francois, pensez de Deu servir,
> Toutes nos armes [1] metra en paradis.
> En saintes flors nous fera touz florir. »
>> (Man. 7227, f° 10 r°, dernières lignes.)

Puis il se tourne vers Olivier, le frère de sa fiancée,
et lui propose de se précipiter avec lui au milieu des
païens. Ses paroles respirent une résignation touchante.

> « Compains, dit-il, par Deu et par sa mere,
> Ensemble certez devons morir, biaux frere.....
>
> Ha! douce France, com ies hui desertée
> De bons vassax. Ies a dolor livrée.
> Moult grant dolor en aura l'emperée. »
>> (Man. 7227, f° 10 v°, c. 1, v. 6. — Man. 254, v. 3226.)

> Contre son cop, fuient li renoié [2],
> Si com li cers fuit devant le levrier.
> Fuient Paien les cops que Rollans fiert.
> Dist l'arcevesques : « Bien fiert li Karllon niez [3] :
> Un tel valor doit avoir chevaliers.
> Ou se ce non, ne vault quatre deniers. »
> Rollans s'écrie : « Ferez por Deu dou ciel.
> Ferez, Francois, gardez ne vous targiez [4]. »
>> (Man. 7227, f° 10 v°, c. 3. — Man. 254, v. 3240.)

Roland coupe le bras au roi Marsile; les Sarrasins

---

[1] Ames.

[2] Les reniés (les païens).

[3] Le neveu de Charles.

[4] « Que vous ne vous arrétiez.

s'enfuient de toutes parts. Cent mille païens sont vaincus par cinquante chevaliers français.

> Chascuns d'euls broche son aufferant Gascon.
> Jamais par euls n'auront François prison !

Mais il y a encore des armées entières de païens qui n'ont pas combattu. Langalie, oncle de Marsile, roi de *Cartage*, d'*Etiopes*, d'*Oliferne* et de *Candie*, accourt avec cinquante mille guerriers.

> La noire gent ot en sa compeignie.....
> Quant Rollans voit la contrefaite gent
> Qui sont plus noir que pois ne arrement [1],
> Et n'ont de blanc que les iex et les dent :
> « Dex ! dit li cuens, or sai verraiement
> Que je morrai par le mien anciant [2].
> Mais ains que muire, plus en morront de cent. »

Olivier est frappé par derrière par ce roi des Noirs. « Au moins tu ne pourras annoncer à ceux de ton pays qu'Olivier a péri sous tes coups », s'écrie le baron blessé à mort. Du premier coup d'épée, il lui fend la tête jusqu'aux dents. De tous les chefs de l'armée, il ne reste plus auprès de Roland que Turpin et Olivier, et ce dernier doit bientôt périr. Garnier, neveu du roi, Arthur, le *fidèle* de Roland, a été envoyé pour garder un défilé à la tête de mille chevaliers. Roland, entouré de tous côtés, ignore le sort de son vassal chéri. Si cette petite troupe a été aussi détruite, il ne lui reste plus qu'à mourir.

[1] Ou *atrement* (*atramentum*), encre
[2] Escient.

MORT D'OLIVIER ET DE GARNIER.

Oliviers sent n'en porra eschaper
De la grant plaie qu'il lui estuet [1] porter
Plus hardement vait [2] la mort endurer.
De lui vengier fu bien entalentez.
Dendens la presse de paiens vait ester [3],
Bien s'i contint comme gentiz et ber.
De Hauteclere lor va grant cops donner.
Qui l'i véist Sarazins decoper,
Et piés, et poins, espaules et cotez,
L'un mort sur l'autre trebuchier et verser,
L'enseigne Karlle moult souvent escrier,
De gentil hom li poïst remembrer.
Monjoie crie et hautement et cler.
Rollant [4] apelle, cui il pot tant amer.
Li uns por l'autre comensa à plorer.
Dist Oliviers : « Compains, laissez ester.
Venez vous sa jouste moi ajouster.
Cuis [5], de cet jor ne poons eschaper.
Parmi la mort nous convenra passer.
Par grant dolor nous convient dessevrer [6]. »
Li uns vers l'autre comensa à aler.

[1] Convient.
[2] *Vadit*, va.
[3] Se placer, *stare*.
[4] Le *t* indique que Roland est régime, et non sujet.
[5] Ou *cuide*, je crois.
[6] « Nous séparer. » Nous avons encore un mot de cette famille, *sevrer*.

Li cuens Rollans à la chiere membrée.
Voit Olivier. La couleur a muée.
Son elme brun en la teste enclinée [1]
Li sans de lui espant aval parmi la prée,
Que l'erbe vers [2] en est ensainglentée.
« Dex ! dist Rollans, com male destinnée [3] !
Sire compains, c'est verité prouvée,
Mieudres [4] de vous ne ceindra mais espée.
Vostre vertus n'iert jamais resprouvée. —
Hé ! douce France, com ies hui desertée.
De tant preudome [5] iestez hui dessevrée.
Jamais nul jor ne sera recouvrée [6].
Moult grans dolors en iert au roi contée. »
Au duel qu'il ot mist el fuerre s'espée.
Trois fois se pasme tout une randonnée [7].

Or fu Rollans sor Viellantin pasmez ;
Et Oliviers qui a mort fut navrez
Dou sanc de lui envermoillit li prez.
Broche Ferrant par ansdui [8] les costez,
Tint Hauteclere dont li poins [9] fu dorez.
Entre paiens est Oliviers entrez,
Cui il consieult [10], touz est à mort livrez.
Rollans l'i voit, li vassaux adurez.

[1] « *Ayant* son casque brun sur sa tête penchée. »
[2] Verte.
[3] « Comme *vous avez* mauvaise destinée ! »
[4] Meilleur.
[5] « D'un tel prud'homme. »
[6] Recouvrance.
[7] Dans un seul instant.
[8] Ou *andui,* tous deux.
[9] Poignée.
[10] « Celui qu'il atteint. »

Quinze paiens i avoit morz gietez,
Et Oliviers en a cent morz ruez.
Li gentis hom fu forment adolez.
Enmi la presse fu Rollans encontrez.
Mais d'Olivier n'i fu pas avisez [1].
Li cuens tint trait li brant qui fu letrez [2].
Devant Rollant s'est li ber arrestez.
Fiert sor le hiaume qui fu à or gremmez [3].
Le maistre cercle en a jus avalé.
Jusqu'au nazal [4] li a esquartelé.
Ne fut la coiffe dou blanc hauberc saffré,
Ja fust Rollans et mors et afolez.
Dex le gari que pas ne fu navrez.
Voit le Rollans, si s'est haut escriez,
Moult doucement fu li cuens apelez :
« Sire Oliviers, dist Rollans li senez,
Biaus sire, dites por quoi feru m'avez. »
Oliviers l'oist, s'a deus sopirs gietez,
Ne pot mot dire tant fu fort adolez [5].
Desor le col dou cheval est clinnez [6].
« Oliviers sire, dist Rollans l'adurez,
De votre cop dui iestre mors gietez.
Sire compains, faites le vouz de grez [7] ?

[1] Reconnu.

[2] Dans Turpin, Durandal est *sacrée et benéoite des lettres du saint non Nostre Seigneur.* Cf. Roman du comte de Poitiers, v. 561 : *Et trait s'espée, U li haut non Dieu erent mis ;* — v. 732, *U li haut non erent escris.*

[3] *Gremmez à or,* incrusté d'or.

[4] Partie de la visière.

[5] Chagrin.

[6] Incliné.

[7] « Le faites-vous à dessein ? »

De vous n'estoie pas encor deffiez.
Je sui Rollans dont vos iestez amez. »
Dist Oliviers : « Compains or entendez.
Je ne vous voi. Voie vous Dam le Dex [1] !
Je dous [2] moult, sire, ne soiez afolez,
Et ne soiez très morteulment navrez.
Par Deu vous proi, de moi aiez pitez. »
A icest mot se sont entracolez.
Par tel vertu [3] les a Dex dessevrez,
L'uns ne vit l'autre tant qu'il fu mors gietez.

Oliviers voit la mors le vait hastant.
Andui li oil dou chief li vont tornant.
Descent à pié dou destrier aufferrant.
Sor son escu se gist contre oriant.
De Hauteclere mist desor lui le brant.
D'eures en autres va sa corpe batant [4].
Puis joint ses mains si va Deu depriant,
Que paradis li doinst par son comant.
Puis benéist Karllon le roi puissant,
Et douce France la contrée vaillant,
Desor toz homes son compaignon Rollant.
Trois peuls [5] a prins de l'erbe verdoiant.
En l'amor Deu les usa maintenant.
Tout son cors vait contre terre estendant.
Li angre Deu descendent maintenant.
L'arme dou conte emportent en chantant.

----

[1] « Que le Seigneur Dieu vous voie! » *Dam le Dex* (*Dominus Deus*).
[2] « Je doute », c'est-à-dire, « Je redoute. »
[3] « Par telle puissance. »
[4] « Confessant ses péchés. » *Corpe*, pour *coulpe* (*culpa*).
[5] Pailles.

Mors est li cuens, n'i a plus de son tans [1].
Dex en ait l'arme par son digne comant !
Rollans souzpire, qui le cuer ot dolant.
Jamais nul home n'oirez plus desmantant.

Moult fut Rollans correciez et marris
Quant voit celui qui tant fut ses amis
Mort à la terre, contre oriant son vis [2].
Ne peut muer qu'il ne plore et sozpire.
Moult doucement à regreter le prinst,
Et prie Deu qui en la crois fu mis :
« Qu'il mete s'arme en son saint paradis.
Ensamble o soi, soit la moïe toz dis [3].
Mal ne m'a fait, ne je ne li forfis. —
Quant iestez mors à moult grant tort sui vis [4]. »
Au duel qu'il a s'est pasmez li marchis,
Sor son cheval qui ot non Viellantins.
Tant fort s'affiche sor les estriés bornis [5],
Quel part qu'il tort, n'est jus dou cheval mis [6].

Ainz que Rollans se fust appercéuz
De pasmisons garis ne revenus,
Grans encombriers li est devant venus.
Mort sont François, tous les i a perdus,
Sans l'arcevesque et sans Gautier son dru [7].
Repairiez est li cuens [8] de la desuz,

[1] Vie.
[2] « Son visage *tourné* contre l'orient. »
[3] A toujours.
[4] Vivant.
[5] Bruni.
[6] « Jeté à bas du cheval. »
[7] *Dru*, de l'allemand *treu*, fidèle.
[8] C'est-à-dire, le comte Gautier.

De celle part où il s'iert combatuz.
Mort sont si home, toz les i a perduz.
Ou voille ou non est aval descenduz.
Rollant appelle dolans et irascus :
« Hé ! gentiz hom, qu'estes vous devenus ?
Onques mais n'oi paor là où tu fus.
Je sui Gautiers, qui conquist Malarsus,
Li nies Artus, qui est vieuls et chenus.
Par vasselaige soloie iestre vos drus.
Ma lance est frainte, et perciez mes escus,
Et mes haubercs desmaillez et rompus.
Parmi le cors sui en set lieus ferus.
En mains lieus est mes haubers desrompus.
S'empres [1] morrai, mais chier mi sui vendus. »
Ces mos a bien oïs Rollans li dus.
Le cheval broche des esparons agus.
Isnellement est à Gautier venus.

« Sire Gautier, dist Rollans li senez,
Moult est vos cors et plaiez [2] et navrez ;
Dites moi, sire, gardez nel me celez,
Comment vous iestes de mes homes tornez. »
Et dist Gautiers : « A par main [3] le saurez.
Tuit sont ocis. Jamais ne les verrez.
En la montaingne où je me suis alez
Trouvasmes Tors [4] plus de vingt mil armez.
Moult grans estors i fu par nos monstrez.
Tant i ferismes de nos brans acerez,
Encor en sont li champ ensainglenté.

[1] « Certes bientôt. »
[2] Atteint de *plaies*, blessé.
[3] A l'instant.
[4] Turcs.

Mort sont mi home que j'avoie menez.
Et méismez sui plaiez et navrez
Parmi le cors de set dars afilez,
Et je m'en suis et venus et tornez.
Por Deu voz proi que voz ne me blasmez.
Car bien voz diz, et si est veritez,
Chier sui vendus. Ja mar en douterez [1].
Je charrai ja, se vos ne me tenez. »
A icest mot chaï Gautiers pasmez.
Rollans l'en lieve, si pleure de pitez.
De son bliaut [2] avoit un pan copé.
Gautier en bande les flans et les costez.

« Sire Gautiers, ce dist li cuens Rollans,
Bataille as faite por Deu le roi puissant.
Bandez voz ai les costez et les flans.
Si m'aït Dex [3], de voz sui moult dolanz,
Car preudoms iestez et chevaliers vaillans ;
Moult as esté hardis et combatans.
Je vos charjai mil chevaliers vaillans,
Randez-les moi, li besoins en est grans. »
« Nes [4] verrez mais, ce dist Gautiers li frans :
Ges [5] ai laissiez en tant dolirouz chans,
Là où j'alai par le vostre commant.
Tant i trouvasmes Sarrazins et Persans,
Tors et Hermins [6], Arrabis et Jahans [7],

[1] « A tort vous en douterez. »
[2] Sorte de vêtement.
[3] « Que Dieu m'aide ! » Formule d'affirmation.
[4] Ne les...
[5] Je les...
[6] Arméniens.
[7] *Jahans*, *Amendians*, *Augoulans*, noms de peuples, imaginés
sans doute par les romanciers.

Et Esclavons et les Amendians,
Et ceux de Lude et tous les Augoulans.
Une bataille nous vint fors et pesans
Ainz nus el siecle ne vit onques si grant,
Tant i ferismes de nos acerins brans,
Que par costez en issi li clers sans.
Bien le vos di, et s'en soiez créans,
N'i a paien qui ja en soit vantans.
Cinquante mile en i a mors gisans.
Mort sont mi home, griez [1] en sui et dolans.
Vendu se sont envers les mescréans.
De mon hauberc m'ont rompu toz les pans,
Et plaiez ai les costez et les flans.
Trestouz li cors, m'en est affoibloians.
Je sui vos hom, vous iestes mes garans.
Ne m'en blasmez, se je m'en sui fuians.
Moult ai éu, sire, de grans ahans. »
D'ire et de duel est tressuez Rollans.

Rollans ot duel, si fu mautalentis.
Tint Durandart, dont li poins fu bornis.
En la grant presse s'est li cuens ademis [2].
Cui il ataint touz est de la mort fis [3]
En petit d'eure en i a vint ocis,
Et Gautiers quinze, et l'arcevesque dis.
De ceuls de France i ot mais moult petit.
Mais ceuls d'Espaigne sont il griez et marris
· Paien s'escrient : « Ci avons maus amis. »
Dist l'uns à l'autre : « Pesmes homes a ci. —
Ferez, paien, que il n'en aillent vif

[1] D'une syllabe. Grevé, c'est-à-dire, fâché.
[2] Introduit.
[3] Certain.

Tant nos ont fait, ne doivent iestre prins,
Mais trestuit iestre detranchié et ocis.
Toillir nouz welent d'Espaigne le païs.
Mal sons [1] bailli, se nus d'euls estort [2] vis.
 Car fel est Karlles li rois de Saint-Denis.
N'i garariens jusqu'à la mer des Gris [3]. »
Adont refu li estors resbaudis [4].
Moult fierement ont les nos envaïs.

Li cuens Rollans fu moult hardis et fiers.
Gautiers de Hui fut moult bons chevaliers,
Et l'arcevesques fist forment à prisier.
Felon paien (cui Dex doint encombrier!)
Vint mil descendent por lor cors dammaigier
Et à cheval sont bien trente millier.
De maintenant nes [5] osent approchier.
Lancent lor dars pour lors cor dammaigier,
Guivres, juzarmes qui font à resoignier [6].
A cest empointe nouz ont ocis Gautier.

(Man. 7227, p. 11 v°, c. 4.)

Turpin de Reims est blessé, son cheval est tué. Il ne reste plus de toute l'armée chrétienne que deux hommes et un cheval.

C'est alors qu'on entend pour la première fois, du

[1] Sommes.
[2] Sort.
[3] Grecs.
[4] Recommencé; proprement, *réjoui*.
[5] Ne les.
[6] « Des traits, des haches à deux tranchans, qui méritent d'être redoutées. »

3.

champ de bataille de Roncevaux, les trompettes de la grande armée française qui accourt à travers les montagnes. Chaque fois que Roland fait quelque large blessure et que les Sarrasins épouvantés s'arrêtent un instant, revient, en termes toujours différens, ce bruit de trompettes qui approche de plus en plus ; et ce bruit, qui ranime le courage désespéré de Roland, trouble de plus en plus les Sarrasins.

Enfin, voici la catastrophe:

MORT DE TURPIN ET DE ROLAND.

Et Karlles maine fait les graisles sonner.
Paien les oient. N'ot en eux qu'aïrer [1].
Dient entr'euls : « Franc ont les porz passez.
Sachiez de voir, or torne à l'empirer.
Oiez les cors com il les font sonner.
Moult pesans jors noz est hui ajornez.
Car li François pensent del retorner.
Karlles retorne et ses riches barnez.
Monjoie crient; bien oïr les poez.
Or perdrons noz d'Espaigne les regnez,
Et nos avoirs et nos grans heritez.
Li cuens Rollans est si durs et faez [2],
Ja n'iert vaincus par home qui soit nez.
Lansons à li nos espiés [3] acerez.
Puis les laissons. Si soit l'estor remez.

[1] Courroux.
[2] Fée.
[3] Pique et épée.

De nous pensons et de nos sauvetez. »
Et il si font [1]. Dars et guivres assez,
Et grans juzarmes, et faussars [2] acerez.
Si grans estors lor font li deffaez [3],
L'escus Rollant fut perciez et troez,
Ses elmes fu frains et esquartelez,
Et ses haubers desromps et depanez [4].
Ses chevax fu en vingt lieus assenez,
Entre ses cuisses fu soz lui mors gietez.
L'arcevesque ont à la terre anversé.
Lors s'enfuïrent dolant et trespassé.

Paien s'enfuient moult effraéement.
Dist l'uns à l'autre : « Or nous va malement,
Trestouz nous a vaincu li cuens Rollant.
Ainz mais uns hom ne vaincui tant de gent.
Karlles revient moult efforciement.
François o lui qui nouz héent forment.
Sor noz voldront vengier lor mautalent.
Qui l'atendra mal li iert convenant.
Car il sera livré à grant torment.
N'i garira [5] li peres son enfant.
A ceux d'Espaigne feront maint cuer dolant. »
En fuie tornent. (Li cors Deu les cravent [6] !)
Rollans les voit, si en ot joie grant,
Car moult l'avoient angoissié fierement.

[1] Ils font ainsi.

[2] *Fauchards*, cimeterres.

[3] Infidèles.

[4] Mettre en lambeaux (*panni*).

[5] Garantira.

[6] Les renverse.

.En fuie tornent li Sarrazin felon.
D'iluec s'en part Rollans li gentiz hom.
Vait par le champ, si vit mort maint baron.
Il treuve mors et Yvoire et Yvon,
Le preu Gelier, et Gerin, et Hugon,
Le duc Girart, Anseys et Sanson,
Et avec euls Engelier le Gascon.
Li dus Rollans, qui fu moult gentiz hom,
Entre ses bras a prins chascun baron,
Devant Torpin en fist assamblison.
Li arcevesques, cui Dex mist en son nom,
Tout en plorant lor fist benéison.
Après lor dit une gente raison [1] :
« Cil qui son cors livra à passion,
Maite vos armes avec Saint Symion,
Et la moie arme maite à salvacion.
Mais ne verrai l'empereor Charlon. »

Li dus Rollans vait le champ recerchier
Desoz un pin, delez un aiglentier,
Là trova mort le cortois Olivier.
Contre son pis [2] le prent à embracier.
A l'arcevesque se prinst à repairier,
Puis si le mist devant lui el sentier.
Torpins le prinst de sa main à sainguier,
Dont commença li diaux à enforcier.
Et dist Rollans : « Biaus compains Olivier,
Vous fustes fiuls au bon comte Renier,
Qui tint la marche et l'honnor à bailler [3].
En nulle terre n'ot meillor chevalier,

---

[1] Parole, discours.
[2] Poitrine.
[3] « Qui tint en fief la frontière et l'hommage à en faire. »

Por hanste fraindre ne por escu percier,
Ne por hauberc desrompre et desmailler,
Ne por preudomme tenir[1] ne essaucier.
Et fustes frere Audain[2] qui tant fait à prisier,
Cui je devoie et panre et nosoier[3].
Ce mariaige me convient à laissier.
Morir m'estuet. N'i a mais recouvrier[4].
Icil ait m'arme qui tout a à jugier.
Ahi! bele Aude, com voz avoie chier!
De vostre amour n'aurai mais recouvrier. »
Li cuens Rollans fist forment à loer.
Voit qu'à la terre gisoient mort li per,
Et Oliviers qui tant fait à loer.
Pitié en a, si comence à plorer.
Tel duel en a que le convint pasmer.
Li siens viaires prinst à descoulorer.
Si fu menez[5] ne pot un mot sonner.
Li sois[6] qu'il a le fist moult à grever[7].
Dist l'arcevesques : « Tant mar i fustes, ber! »

Li arcevesques ot moult le cuer dolant
Quant vit pasmer le gentil dus Rollant.
Bien seit li sois l'angoisse moult forment.
Li arcevesques a saisi l'olyfant.
En la vallée ot un ruissel corrant.
Li arcevesques i va moult belement[8].

[1] Obéir à.
[2] Cas indirect d'*Aude*.
[3] Épouser.
[4] « Il n'y a plus de défense possible. »
[5] Maltraité, blessé.
[6] La soif.
[7] « Le fit, le rendit très à plaindre. »
[8] Doucement.

Quant ot alé la monte d'un arpent,
La soie mort le vait moult angoissant.
A terre chiet qu'il ne puet en avant [1].
La mors l'angoisse, li cuers li va serrant.

Li dus Rollans revint de pasmison.
Sor piés se mist à painnes li frans hom,
Sor l'erbe vint et sor le confanon.
La vit jesir le nobile baron,
Torpin de Rains; ainsiz avoit à non.
Mort est iluec au service Karllon.
Jeshus de gloire li face voir [2] pardon !
Ne fera mais as crestiens sermon.
S'il vesquit auques, il préist vengison
De Ganelon le traïtor felon
Qui porchasa la mortel traison
Dont furent mort tant chevalier baron.
Sainte Marie li doinst maléison !

Quant voit Rollans l'arcevesques morant,
Lors ot tel duel, onques mais n'ot si grant
Fors d'Olivier que il parama tant.
Or dist un mot, que moult va desirrant [3] :
« Chevauchez, rois, qu'alez vos delaiant,
En Ronscevax avez dommaige grant.
Perdu avez maint chevalier vaillant.
Li rois Marsiles en i a perdu tant,
Contre un des nos en i a perdu cent,
Vóire deus cent, par le mien anciant.
Ja resprouvier n'en auront no parant. »

[1] Sous-entendu *aller.*
[2] Vrai.
[3] « Qui est très-dechirant. »

Quant voit Rollans l'arcevesque morir,
Et de son cors la boèle saillir, .
Et de son chief fors la cervelle issir,
Dont [1] a tel duel, le sens cuide marrir.
Il le regrete, com ja porrez oïr :
« Hé ! bons vassax, frans hom de grant aïr [2],
Humbles et prouz, bien voz doit biens venir.
Li empereres qui France a à baillir,
Jamais n'aura tel clerc por lui servir,
Ne por la loi essaucier ne tenir.
Par l'Apostoile, ne fu mais tex marchis.
Ensamble o lui voz face Dex séir,
De paradis la sainte porte ouvrir. »

Rollans voit bien sa mort va aprochant,
Que sa cervelle li chiet as iex devant.
Ses pers commande au cors Saint Abrahant,
Et la soie arme à Deu le tout-puissant.
Prinst Durandart et le bon olyfant,
Que resprouvier n'en aient si parant.
Devers Espaigne s'en va tout un pandant [3],
Plus qu'arbalestre ne traist quarrel tranchant.
Iluec desoz un aubre vert et grant,
Desoz un pin foillu et verdoiant,
Quatre perron [4] sont iluec en estant.
La vent [5] li bers sor l'erbe verdoiant.
Chaït à paumes [6]. La mort le vait hastant.

[1] De cela.
[2] Courroux, c'est-à-dire, courage.
[3] « Tout d'un mouvement. »
[4] Rochers.
[5] Vint.
[6] « Tomba sur les mains. »

Grans est li pui, li aubre grans et large.
Quatre perron i sont en lor estaige [1].
La jut un **Turs** de merveilloz coraige.
Entre les mors fu repos en l'erbaige.
Rollans l'esgarde qui fut de fier coraige [2].
Li Turs parole [3] à loi d'omme malsaige.
« Per Mahomet, qui fait croistre l'erbaige,
Je vouz trairai les grenons de la barbe. »
Celle part va. Moult parfist grant outraige,
Quant par la barbe prinst Rollant le très-saige.
Durandart trait; [a] moult el cors la raige.
Rollans le sent. Duel ot en son coraige.

Rollans sentit que cil li trait s'espée.
Oevre les iex, li dist raison membrée :
« Mien anciant, n'ies pas de ma contrée. »
Rollans se dresce en piés enmi la prée :
« Cuivers, dist-il, vostre vie est alée. »
De l'olyfant li a tele donnée,
Amont sor l'iaume dont la teste est armée,
Froisse l'acier, s'a la teste quassée.
Andui li oil li volent en la prée.
Mort le trebuche, l'arme s'en est alée.
Car desverie ot cil glouz empansée,
Quant il au comte ot sa barbe tyrée.
Par sa folie a la mort conquestée.
Icelle chose li fu a mal tornée.
« D'ou cor me poise [4], quant l'euvre [5] en est quassée.

[1] Debout.
[2] Cœur.
[3] Parle.
[4] Pèse.
[5] Ouverture, *d'ouvrir.*

Devers le gros ai fandu la baée [1]. »

Quant Rollans voit que la mors si l'argüe
De son visaige a la coulor perdue.
Il esgarda. Une bousne [2] a véue.
Durandart hauce, si l'a dedens ferue,
Et li espée l'a par mi lieu fandue.
Rollans l'en trait, à cui la mors argüe.
Quant la voit sainne, tous li sans li remue.
En une pierre de griez si la ferue,
Si la porfend jusqu'en l'erbe menue,
Si bien ne la tenist jamais ne fust véue.
« Dex, dist li cuens, sainte Marie ajue [3].
Hé! Durandart, de bonne connéue [4],
Quant je voz laisse grans dolors m'est créue.
Tante bataille aurai de voz vaincue
Et tantes terres en aurai aissaillue.
Que or tient Karlles a la barbe chenue.
Ja Deu ne place qui se mist en la nue,
Que mauvais hom, voz ait au flanc pandue.
A mon vivant ne me serez tolue,
Qu'an mon vivant voz ai lons tans éue.
Tex n'iert jamais en France l'absolue [5]. »

Quant voit Rollans que la mors l'entreprend,
(Car par les els li cervals li descent;
Par les oreilles n'ot il mais, ne n'entent.)
Tinst Durandart al poin d'or et d'argent,

[1] Ouverture.
[2] Borne, rocher.
[3] *Adjuva*, aide.
[4] « De bonne renommée. »
[5] « La parfaite, le meilleur de tous les pays. »

Fiert en la pierre, bote pié, et estent [1].
Ne la pot faindre [2], que Dex ne li consent.
Quant voit Rollans, ne li forfait nient.
Sor dextre garde, contre demi arpent,
Si a coisi [3] un fontenil rovent
Plein de venin et plein d'intoschement [4].
Dex ne fist home, dès le tans Moisent,
S'il en bevoit, ne fust mort errament.
Moult est hardos [5], si parfont et pulent.
Là vient Rollans coroceux et dolent.
Entor lui garde, n'a scoisi nule gent.
Durandal prist par lo fier hardiment,
Dedenz la gete, car la mort l'entreprent.
La gent del reigne en trai voz à garent.
Cil noz ont dit, se l'estoire ne ment,
Qu'encore i est por voir [6] certainement,
Et i sera deci au finement [7].

Rollans se gist soz un aubre foilli.
Devers Espaigne a retorné son vis.
De maintes choses à porpanser se prist,
De tantes terres comment il a conquis,
De douce France, de ceuls de son païs,
Et des Fransois par cui il a tel pris.
Ne puet muer que ne plort li marchis,

---

[1] *Sic.* On montre encore, dans les Pyrénées, la brèche de Roland :
c'est une montagne fendue en deux.

[2] « Il ne peut la briser. »

[3] Aperçu.

[4] Poison.

[5] Dangereux.

[6] Pour vrai.

[7] « Jusqu'à la fin *du monde.* »

Et lui méismez ne puet maitre en oubli.
Claimme sa corpe [1], si prie Deu merci :
« Ahi voirs [2] peres qui onques ne mentis,
Saint Lazaron de mort resurrecis,
Et Daniel dou lyon garantis,
Dex ! recoif m'arme en ton saint paradis.
Sire, ma corpe ! se je onques menti
De mes pechiés que je ai fais touz dis [3]. »
Ses destres gans en fu vers Deu offris.
Desos son bras estoit ses elmes mis.
Jointes ses mains, l'a la mors entrepris.
Dex li tramist ses angres benéis.
Saint Gabriel et bien des autres dis.
L'arme de lui portent en paradis.
(Man. 7227, f° 13 v°, c. 3.)

Le héros mort, il semblerait que le poème est fini ;
mais il faut que Roland soit vengé, et cette vengeance
remplit toute une moitié du roman : on sent, à l'ani-
mosité farouche du récit, que c'est encore à Roland
que l'on pense.

Ganelon, à bon droit soupçonné, est désarmé et mis
sous bonne garde ; et de suite Charlemagne se dirige
contre les Sarrasins. Il traverse le champ de bataille où
Roland est mort avec ses vingt mille compagnons, et
le vieil empereur se livre au plus profond désespoir. Il
atteint enfin les Sarrasins sur les bords de l'Èbre. Le

[1] Coulpe.
[2] Vrai.
[3] Chaque jour *de ma vie*.

soleil ne se couche pas ce soir-là pour lui permettre d'anéantir ceux qui ont tué Roland.

> Les ont atains à une eve [1] paser
> Où il ne puent chalan, ne nef trover.
> Je ne vois pas com puissent eschaper,
> S'il ne la boivent, ou ne sevent noer [2].
> Mais quinze lieues duroit à trespaser.
>
> (Man. 254.)

Un très-petit nombre de Sarrasins survivent à ce nouveau désastre. Marsile, revenu à Saragosse avec un bras de moins, se roule sur la terre avec désespoir. Ses sujets ne sont pas moins désespérés que lui de cette blessure. Au moyen âge, le bras du roi est presque aussi important que sa tête.

> Dist l'uns à l'autre : « Coment porrons durer?
> Perdu avons no seignor naturel.
> Li dus Rollans li a le poing copé. »
>
> (Man. 7227.)

Dans leur fureur, ils s'attaquent à leurs dieux :

> A lor dex vont qui sont en une croute [3].
> Batirent les et fort les desonourent :
> « Hé! mauvais deu, porquoi noz faites honte?
> Nostre bon roi porquoi laissié confondre? »
> Tantost [4] li toillent le sceptre et la coroune,

[1] Eau.

[2] Nager.

[3] Grotte, crypte.

[4] Aussitôt.

Et puis par terre tout maintenant le boutent.
A grans bastons li toillent son or toute,
Et Tervagant [1] brisent tout et defoulent.
Mahomet le chenu en un fossé jus boutent.
Et li porc et li chien li devorent la goule.
(Man. 7227· — Man. 254, v. 4545.)

Marsile demande le secours de Baligant, amiral de Babylone. Ce nouvel ennemi est le plus puissant de tous les rois sarrasins. Jamais Charlemagne n'a eu encore à combattre une pareille armée, ni même un si redoutable chevalier.

Diex! quel vassal s'éust Chrestianté!

Le moment où Charlemagne et Baligant rangent leurs armées en bataille est mis à profit pour nous faire un dénombrement en forme des deux armées ; et ce dénombrement, pour le dire en passant, est bien moins sec et bien moins aride que celui de l'Iliade.

Il se livre une seconde bataille de Roncevaux. Le fils et le frère de Baligant sont tués ; Charlemagne fait des prodiges. Cependant les païens ont d'abord l'avantage ; ils parviennent jusqu'à l'endroit où sont les corps des douze pairs et cherchent à s'en emparer. L'un d'eux parvient même à placer sur son cheval le corps de Roland. Les Français font un effort désespéré.

Li dus Ogier a Monjoie escriée :
« Ferez, baron, sor la gent deffaée. »

____

[1] Ou Termagant, dieu musulman ; invention du moyen âge.

Et il si firent, n'i firent demorée.
Après lor lances a prins chascuns s'espée.
Dou sanc as Tors [1] sont tost ensainglentées.
Vingt mile enversent. Les goules ont baées.
(Man. 7227, f° 22 r°, c. 2.)

Le corps de Roland est repris; ceux des autres pairs sont préservés des païens. L'honneur des Francs, un instant compromis, est sauvé. Les païens font un dernier effort pour remporter cette victoire si disputée.

Li amirax s'escrie en son latin [2] :
« Que faites voz, paien et Sarrazin.
Ramembrez-vouz de no deu Apolin,
Qui tout vous donne et le pain et le vin.
Véez François qui sont près de lor fin.
Ferez sur euls qu'il noz sont mal voisin.
Riche serez anuit ou le matin [3].
Trop vous donrai et argent et or fin. »
Paien escrient et Turc et Barbarin,
Huslent, glatissent [4], et font moult male fin.
Grans cops i donnent li paien de put lin [5].
Et François poingnent; qu'il ne sont pas frarin.
Chascuns i fiert de l'espié Poitevin.
Grans fu la perde de la geste [6] Jupin.

[1] Turcs.

[2] Dans le manuscrit 254, on trouve le mot *latiners* (latiniste, ou plutôt *latineur*), signifiant un interprète entre les Français et les Sarrasins.

[3] « Aujourd'hui ou demain »; mot à mot, « cette nuit ou demain matin. »

[4] Aboient.

[5] « Infame (*puant*) lignage. »

[6] Peut-être *la gent à*...

Soissante mil en gisent mort souvin [1].
Dient paien : « Cist noz trairont à fin. »
Ausiment [2] huslent com se fussent mastin.
          (Man. 7227, f° 22 r°, c. 4.)

La victoire est aux chrétiens. Leur bras a écrasé l'armée des infidèles, ou plutôt le jugement de Dieu a décidé; le bras des chrétiens n'est que l'instrument.

          Et Baligans adonques s'aperçoit
          Que il a tort et Karlles maine a droit.

C'est la seule expression employée pour exprimer sa défaite. On voit combien cette idée religieuse du jugement de Dieu était profondément imprimée dans les esprits [3].

Le vaillant roi des Sarrasins fait cependant un dernier effort; il se jette sur Charlemagne et lui livre un combat singulier.

          Li amiraus fu mot [4] de grant vertu.
          Il fiert Karllon de sor son eume agu.
          Desor la teste li a fraint et fendu,
          Et li hauberc desmaillé et rompu.
          La char li tranche, li os sunt remest nu,
          Grant plene paume à terre en est chéu.
          Karlles chevauche, mot pert de sa vertu.
          Per un petit ne chiet toz estendu.

[1] *Supini*, sur le dos.
[2] Semblablement.
[3] Cf. dans le même sens, man. 254, v. 3303 : *Li rois a tort ce croi.*
[4] Pour *moult.*

Mais ne volt Dex qu'il fust mort, ne vancu.
Seins Gabriel est à lei descendu.
Si li a dist : « Rois magnes, que fais-tu ? »
Quant Karlles l'ot, onques plus liez ne fu.
Son chief dreza, ainc ne sot [1] où il fut.
Escordement a reclamé Jhesu :
« Beaux sire Diex, par ta seinte vertu,
Garde n'i soie ne morz ne retenu. »

Mot parfu liez li gentix rois de France,
Quant Dex li mostre et a fet tel semblance,
Et par son angle li a fait demonstrance,
Et de son cors ne puet avoir dotance.
Remembre li des nons de sa créance [2]
Que il aprist quant fu noiriz [3] de France.
Trois en noma qui sunt de grant puissance.
Lors li revint et secors et membrance.
Traite ot Joiose où il ot grant fiance,
Fiert Baligant sor l'eume de Valence.
Tranche les las, (del ben ferir s'avance!)
Et tot le vis jusqu'en la barbe blance,
Que mort l'abat sans nule recorance.
Monjoie escrie li gentix rois de France.
Là i vint Naymes et Fochier de Valence,
Li dus Ogiers qui fu de grant bobance.
Paien s'enfuient, que n'i font remanance,
Et li François les suigent [4] sans dotance.
(Man. 254.)

[1] Ne sut.
[2] « Paroles de sa foi. »
[3] Nourrisson.
[4] Suivent.

L'empereur crie aux siens de venger Roland et Olivier, et leurs 20,000 compagnons. Les païens sont poursuivis avec fureur.

> Vers Saragoce ont lor voie tornée.
> Tresc'à [1] la porte est la chace durée.
> Tant i ont mort li Franc com lor agrée [2].

Marsile apprend dans son lit de douleur l'approche de l'armée chrétienne. Il meurt subitement d'effroi et de désespoir.

> L'arme s'en part. N'i pot avoir durée.
> Bien trante diable l'ont en enfer portée.

Saragoce, l'imprenable Saragoce, la ville qui a resisté six ans à Charlemagne, est prise enfin, et prise à la première attaque. La citadelle et les cinquante tours des murailles se rendent sans combat. La ville est mise à feu et à sang. Roland est enfin suffisamment vengé des Sarrasins.

Charlemagne retourne à Roncevaux, et là éclate de nouveau l'inconsolable douleur de l'empereur et de son armée.

> Grans fu li diaus [3] la nuit en Ronscevauls.
> La clartez luist qui part des estavauls [4].
> Nus n'i fait joie ne cheveluz ne chaulz.

[1] Jusqu'à.

[2] « Les Francs y en ont tué autant qu'il leur plait. »

[3] Deuil.

[4] Cierges.

Ne n'i menjue palefrois ne chevauls,
S'erbe sainglente ne paist en ces terraux.
(Man. 7227.)

Il s'agit de rendre aux martyrs de la guerre sainte les devoirs de la sépulture ; mais comment distinguer les chrétiens au milieu de ces énormes monceaux de cadavres? Charlemagne ordonne à son armée de prier Dieu dévotement, et le lendemain matin il trouve tous les païens changés en épines grossières et qui ne peuvent fleurir. Les chrétiens sont aussitôt enterrés par leurs compagnons. Les corps d'Olivier et de Roland sont transportés en France ; un monastère est fondé à l'endroit où ils sont morts, et des cierges y brûleront à jamais pour le repos de leurs ames. Telle est encore la douleur de Charlemagne, qu'à plusieurs reprises il en tombe évanoui.

Il n'y a plus qu'à pendre Ganelon, pour que Roland soit tout-à-fait vengé. Mais il faut, pour satisfaire la haine commune, que cette vengeance soit entourée de tout l'éclat possible ; et d'ailleurs le rang du coupable, son alliance avec Charlemagne, exigent qu'on suive toutes les formes de la procédure criminelle du moyen âge. Pendant que Charlemagne envoie chercher sa sœur Berthe, femme du coupable, et Aude la belle, fiancée de Roland et sœur d'Olivier, Ganelon parvient à s'échapper. Le duc Othon, à la tête d'une troupe de ses vassaux, est envoyé après lui, et réussit enfin à l'atteindre après beaucoup de traverses, et seulement par un heureux hasard. Au lieu de se saisir de Ganelon, Othon veut bien courir les chances d'un combat singulier ; les principes de la chevalerie lui permettraient d'ailleurs difficilement de s'y refuser. Ganelon, vaincu, est fait prisonnier ; ni la ruse, ni ses efforts désespérés, n'ont pu le sauver. Jusqu'alors il avait conservé ses armes et son cheval, n'étant encore qu'accusé. Il est ignominieusement dépouillé de toute son armure, placé sur le plus mauvais cheval de l'escorte, et ramené ainsi au camp de Charlemagne.

Cependant des chevaliers sont allés dire à la belle Aude que Charlemagne la mande au camp des Français. Ils ont ordre de cacher le désastre de Roncevaux. Aude croit qu'elle va revoir son frère et se marier avec son fiancé. On insiste sur la joie de la jeune fille, sur la joie de sa bonne tante Guibor, sur les détails de sa parure, sur sa beauté.

> Mot fu bele Aude quant el fu acesmée [1].
> La granz clartez li fu al vis montée.
> Soz ciel n'a rose qui si soit colorée.
> Que sa beautez n'ait tote trespassée.
> Dame Guibors l'a el palais menée.
> Tote la salle en fu enlumenée.

Ce moyen si naturel et si certain de faire naître l'émotion est traité dans tout le passage avec beaucoup de bonheur.

—————

[1] Parée.

Aude est assaillie de songes funestes pendant son voyage vers le camp de Charlemagne. Elle arrive, déjà en proie aux plus tristes pressentimens. Charlemagne, pour la préparer à la funeste nouvelle, veut lui faire croire que Roland et Olivier, après l'avoir trahi, se sont enfuis chez les Sarrasins. Mais Aude ne croit pas un instant à ce récit, et reconnaît que Roland et Olivier sont morts. Charlemagne ne veut pas encore l'avouer. C'est alors qu'elle rencontre Berthe, la femme du traître et la mère de Roland, qui connaît ses malheurs dans toute leur étendue.

> Aude vit Berthe, encontre li ala,
> Puis s'entrebaisent, mais chascune plora.
> Jamais nus hom plus grant duel ne verra.

Aude apprend ensuite tous les détails de la grande trahison de la bouche même de Charlemagne. Rien n'égale son désespoir.

> Moult estut [1] Aude en longue pasmison.
> Nus hom de char n'en pot traire raison,
> Ne clers ne prestres donner confession.

> Charlles tint Aude entre ses bras, ainsiz
> Que ne parole [2] ne les iex n'en ouvri.
> Li cuers li tranble, la color li norci,
> Les els ennuble [3], li frons en paloï.

---

[1] Resta, se tint.

[2] Parle.

[3] Peut-être *li els*. « L'œil se couvre d'un nuage » (*nubes.*) *Les*, au nominatif singulier, pour *li*, est tout-à-fait insolite. Cependant nous avons vu précédemment *Grans est les os*, page 15, l. 19.

Et quant revint, si a laissié le cri :
« Droiz empereres, por les sains Deu, merci [1]!
Car me montrez le cors de mon ami,
Et d'Olivier mon frere le hardi.
Li cuens Rollans m'avvoit sa foi plevi
Qu'il me panroit, et je li autressi [2].
Iceste amor se departist ainsiz.
Ains me sera li cuers al cors partis.
Puis m'en irai avecques mon mari,
Et à mon frere qui la dolor soffri. »

Aude obtient de voir les deux cadavres, et de se trou-
ver seule dans la salle où ils sont déposés. Elle conjure
son frère de lui faire savoir ses volontés. Un ange descend
du ciel, lui parle par cette bouche chérie, et lui apprend
qu'elle jouira bientôt du bonheur des élus, auprès du-
quel toutes les joies de la vie ne sont rien. Revenue
auprès de Charlemagne et de son oncle le comte Girard
de Vienne, elle expire de douleur entre leurs bras.

Li cuers li part, l'arme s'en est alée.
Li angre Deu l'an ont el ciel portée,
Devant Jerusalem de gloire presentée.
Karlles l'esgarde, cuide que soit pasmée.
Quant la redresce, si l'a morte trovée.
Lors rancommence li diaus et la criée.
Jamais n'iert tex por fame qui soit née.....

En la cité arent tel tenebror,

[1] « Par les saints de Dieu, une grace ! »
[2] Également.

L'uns ne vist l'autre tant fu fors [1] la dolor,
Ne il ne sevent se il est nuis ou jors.

Cependant Charlemagne quitte Blaive [2], scène des derniers événemens, et se rend à Laon pour y tenir la cour plénière qui doit juger le félon et rusé Ganelon. Le roi de Frise, Gondrebuef, l'accuse et lui jette son gant. Ganelon accepte le combat; mais, dès qu'il se voit sur un bon cheval, il s'enfuit à toute bride, laissant lâchement les otages qui se sont livrés à Charlemagne comme garans de sa bonne foi. Heureusement il est atteint par Gondrebuef et ramené encore après cette seconde tentative d'évasion. Au moment où Ganelon va être condamné tout d'une voix à être mis à mort *sans bataille*, arrive son neveu, Pinabel de Florence, chevalier des plus félons et des plus redoutés, suivi d'une troupe de quatre cents vassaux. Il accuse hautement Charlemagne d'injustice et de mensonge. Le jeune Thierry, écuyer de Roland, prend le parti de l'empereur. De là un second combat judiciaire qui décidera si Charlemagne est coupable de déni de justice. Ce combat, qui occupe un espace considérable, finit, comme on le pense bien, par la victoire de la *vassalité* sur la félonie, malgré le faible bras du vassal et le bras vigoureux du félon.

Rien ne s'oppose plus à ce qu'on tire enfin vengeance

---

[1] Forte.

[2] Dans Turpin, Roland est désigné comme comte de Blaive : c'est Blaye (*Blavia*), sur la Gironde.

de Ganelon : mais, comme le soir est venu, cette vengeance est remise au lendemain, et Charlemagne, dès que le jour est levé, ordonne à trois de ses barons de lui amener *son felon boiséor.*

SUPPLICE DE GANELON.

Li baron corrent, Karlles l'a comandé.
Ganelon ont de la tor amené.
Grant forchure ot, et le cors bien moslé [1].
Quant le vit Karlles, dou cuer a sospiré.
« Vassax, dist-il, par vos sui adolez. »
« Sire, dist Ganes, malement ai ouvré.
Par moi est mors Rollans, nel puis celer,
Et Oliviers et tuit li douze per.
Se gel vendi, n'en doi iestre blasmez,
Il me juja messaige outre mon gré,
Por ce que il me voloit afoler. »

« Baron, dist Karlles, ostez de devant moi.
Trestouz tressue, quant de mes iex le voi.
C'onques vers moi ne vers Deu ne ot foi.
Ma gent a mort, et si ne seit por quoi.
Ahi! Rollans, quel souffraince ai de toi,
[Et des altres barons qui erent en effroi] [2]

[1] Bien moulé.
[2] Vers restitué par conjecture, d'après la leçon de l'autre manuscrit. Sans ce vers, le suivant n'a aucun sens.

De servir Deu et d'essaucier sa loi ! —
Coment morra, baron, ditez le moi.

« Seignor, dist Karlles, por Deu vouz voil proier,
De male mort le me faites jugier,
Et le faitez morir, ice je voz requier. »
Aprez parla dans Girars li guerriers,
Cil de Viane, qui fu oncle Olivier.
« Par ma foi, sire, bien vos sai conseiller.
Grans sont vos terres et longues por chascier.
En deux grans cordes le faites bien liier,
Et puis mener à pié com ors lanier [1],
Et de corgies [2] le faites angoissier;
Et quant venra qu'il devra harbergier,
Deux de ses membres li faites depiecier,
Par un et un fors du cors esraigier. »
« Baron, dist Karlles, ci a jugement fier.
Mais nel voil pas nel fuer [3] tant respiter. »

« Par ma foi, sire, dist Bueves li vaillans,
Je vouz dirai un jugement plus grant.
D'aubes-espines faites un feu ardent.
Puis i giete on le cuivert soudouiant [4].
Si qu'anviron soit toute nostre jant.
L'arme en ira par merveilloz semblant. »
« Hé Dex! dist Karlles, cestui teing à pezant.
Cestui panrons, se ne trovonz plus grant. »

[1] Paresseux. Le lanier est le plus mauvais oiseau de fauconnerie.
[2] Verges.
[3] « Mais je ne veux pas tant attendre dans la justice. »
[4] Infame trompeur (séduisant).

Aprez parla Salemons li bretons :

« Plus aspre mort esgardé nouz avons.

Faitez venir un ors et un lyon,

Si lor livrez le conte Ganelon,

Il le menront a grant destruction,

Et l'ociront par moult grant contenson.

Ne remanra chars, ne os, ne braon [1].

Car ainsis doit-on faire de traïtor felon. »

« Seignor, dist Karlles, moult dist bien Salemons.

Mais n'ai coraige que plus respit li dons. »

« Sire empereres, dist Ogiers li vassal,

Autre joïse [2] vouz ai trouvé plus mal.

Faites le maitre en celle tor aval,

Où il ne voie ne clarté ne solail.

Fors la vermine qui istra dou terrail [3].

De toutes pars es flans et el costal,

Si l'assaudront et li feront moult mal.

Ne boive, ne menjut par nul home charnal.

Moult i aura, et grant honte et grant mal.

Puis l'amaigne on el palais principal.

Li biaus mangiers li soit touz comunal,

Bien conréez et de poivre et de sal.

De vin ne boive, ne de l'iaue autre tal.

De soif morra d'une angoisse mortal,

Com fist Rollans li ber en Ronsceval. »

« Hé Dex! dist Karlles, quel esgart [4] de vassal

Mais ne li voil plus prester mon ostal. —

[1] Le gras des fesses.

[2] Jugement.

[3] « Forte est la vermine qui sortira du sol. »

[4] Conseil.

Seignor, dist Karlles, franc chevalier loial,
Cist-ci me plaist, mais encor sai plus mal.
C'on le detraie à coe [1] de cheval.
Voisent [2] monter mi comte et mi vassal.
Et istront fors, mi baron comunal.
De son service recevra baptestal. »
Lors prennent Gane parvost et seneschal.

Charles li rois a fait son ban crier,
Que tuit s'en issent par defors la cité,
Karlles méismes. Sor un murl affautré [3]
Li vaillans rois s'en est isnel montez,
Et li borjois qui tant l'ont desirré.
Si come Karlles l'ot dit et commandé
Gane menarent de defors la cité.
Fors de la ville sunt tuit aprez alé.
Tout ainsiz l'ont mené le perjuré.
Ne sai quant bon cheval i ont mené?
Quatre yeuwes [4] grans, ce saichiez par verté.
Qui sont sauvaiges et de grant cruauté.
Et Karlles maine a dit et comandé
Que sor chascone ait un garson monté.
As quatre coes ont piés et mains noés.
Et puis a fait chascun esporonner.
Qui dont veïst Ganelon tressuer,
Bien poïst dire qu'à male hore fu nés.
Ce fu bons drois, qu'il [5] traï le barné

[1] Queue.
[2] « Que mes comtes... aillent monter à cheval. »
[3] Mulet enharnaché.
[4] Cavales.
[5] Puisque.

Dont douce France fu en grant orphenté [1].
Et li garson sont si bien porpansé,
Les chevax font aler de trestouz lez
Por le glouton morir à grant vilté.
Que vous diroie, tant l'ont detraïné
L'arme s'en va, si l'emportent maufé [2].
Karlles le voit, si en a Deu loé.
« Dex, dist li rois, vous soiez aourez.
Quant j'ai vengié Rollant le tres sené.
Et Olivier et touz les douze pers.

« Baron, dist Karlles, or ai quant que je vuel.
Quant cil est mort qui m'a tolu l'orguel,
Rollant et Olivier par cui reposer suel [3],
Li douze pers a mis en mal acuel [4].
Tant com je vive n'en verrai mais itel.
Par als conquis je Rome, et Tyre, et Marsel,
Palerne lons jusqu'el val de Siduel. »

Quant Karlles fu en la sale montez,
Aprez ice que il fu retornez
De Guenellon, qui si fu tormentez,
Tous ses barons a devant lui mandez
Moult belement les a araisonnez,
Et doucement les a toz acolez.
Congié demandent, et il lor a donnez.
Li rois sospire. De Rollant s'est membrez.

[1] État d'orphelin.
[2] Diables.
[3] *Souloir,* avoir coutume.
[4] « Qui a mis.... »

Et cil s'entornent, s'avalent les degrez.
Charlles remest dolenz et abosmez [1].

De cest romein nus n'en seit plus chanter
Cil voz beneie qu'en la croiz fu penez
Et au terz jor de mort resuscitez [2].

[1] Abîmé.

[2] Sur le système de versification de ce roman et les romans de chevalerie en général, voyez la préface de *Berthe aus grans piés*, par M. P. Pâris, qui avait eu l'obligeance extrême de m'en communiquer quelques idées avant leur publication. Cette préface contient en outre une réfutation de l'opinion commune qui regarde la chronique de Turpin comme la source des romans carlovingiens.

Dans quel temps ce roman a-t-il été composé? Le manuscrit ancien de la bibliothèque du Roi semble de la fin du XIIIe siècle. D'autre part, les mots d'*Arabis*, de *Turs*, de *Hermins* (Arméniens), de *Babiloine*, &c., indiquent une rédaction postérieure aux premières croisades; ce qui renfermerait nos recherches dans l'espace déjà fort long de 200 ans (de 1100 à 1300). Au reste, les deux textes que nous possédons actuellement (car les variantes des deux manuscrits en font le plus souvent deux rédactions à part) ont été sans doute précédés d'un texte plus ancien; car chacun des deux manuscrits, pris à part, présente des traces assez visibles de deux rédactions : l'une plus simple, plus concise, plus épique, c'est-à-dire, plus ancienne; l'autre, plus détaillée, plus languissante. Le manuscrit 254 est fort souvent écrit dans cet esprit de paraphrase qui indique clairement une époque de décadence, et le manuscrit 7227 n'en est pas toujours exempt [1].

[1] Voyez les Variantes (2e partie de la 1re note).

Les parties les plus récentes du poème ne peuvent guère être placées après le milieu du XIIIe siècle. En effet, on remarque parmi les alliés de Marsile à peu près tous les peuples païens ou même récemment convertis qu'il était possible d'indiquer, Syriens, Égyptiens, Arabes, Turcs, Éthiopiens, Esclavons, Hongrois, &c.; mais il n'y est pas dit un mot des *Baharins* (Mamelucs Baharites), les vainqueurs de S. Louis, ni même des *Tartarins* (Mongols) qui occupaient et épouvantaient tous les esprits depuis l'an 1240. On voit dans le Boïardo et l'Arioste que les Mongols et même les Chinois ont pris une place importante dans les traditions carlovingiennes.

Quant à la rédaction primitive du *Roman de Roncevaux*, il n'y a aucune raison qui puisse empêcher de le placer vers les premières années du XIIIe siècle : mais il n'y en a aussi aucune qui empêche de remonter beaucoup plus haut. Au milieu du XIe siècle, nous trouvons l'indication formelle de poèmes en langue vulgaire [1]. Vers la fin du même siècle, Ordéric Vital met le nom de Roland dans la bouche du fameux Robert Guiscard (*seu Francigenæ Rollando æquiparandus*, liv. VII, page 646). Guillaume de Malmesbury, auteur d'une assez grande autorité (pour la partie historique de son

---

[1] Il est vrai que ce sont des poèmes dévots. « In communis linguæ « usum satis facundè retulit, ac sic, ad quamdam TINNULI rhythmi « similitudinem, urbanas ex illis CANTILENAS edidit. » Dom Bouquet, t. X, p. 477 A.

ouvrage), et après lui le Roman de Rou, affirment qu'on chanta Roncevaux et Roland à la bataille de Hastings, en 1066 [1].

Il nous reste maintenant à examiner une question plus importante. Ce roman est-il une œuvre littéraire destinée à être lue, ou n'est-ce pas plutôt un poème populaire formé peu à peu sur des traditions nationales, destiné à être chanté et à subir toutes les additions, tous les retranchemens, toutes les transformations, que la transmission orale ne peut manquer de faire subir à des traditions, même quand elles sont soumises à la forme poétique? S'il en était ainsi, ce roman serait la fameuse chanson de Roland que les soldats français chantaient encore au temps du roi Jean (v. 1350). L'anecdote est connue. *Pourquoi chanter Roland?* disait ce roi à un soldat; *il n'y a plus de Roland. — Il y en aura plus d'un quand nous aurons un Charlemagne.* Il ne faut pas que ce terme de *chanson* appliqué à un poème de 8000 vers nous effraie; c'est le mot propre pour désigner un poème du cycle de Charlemagne.

> Nostre *chançons* va toz tems amendant.
> Jamais joclers de meillor ne voz chant.
>
> (Roncevaux.)

---

[1] *Tum* cantilena *Rollandi inchoata,* ut martium viri exemplum pugnaturos accenderet.

> Taillefer, qui moult bien cantait....
> Devant as s'en allait cantant
> De Carlemane et de Rollant,
> Et d'Olivier et des vassaus
> Qui morurent à Rainscevaus.

Dex! or voz puis bone *chançon* chanter.

(Roncevaux.)

J'ai retrouvé ce mot dans tous les débuts des poèmes carlovingiens :

Bone *chançon* plairoit voz à oïr.

(Garins le Lohéran. *Arsenal.*)

Bonne *chanson* qui fait moult à loer.

(Gaydon. *Bibl. R.* 7227.)

Chanson.... de barnaige.

(Amile et Amis. *Id. ibid.*)

Bonne *chanson* qui est vielle et antie.

(Girars et Jourdains. *Id. ibid.*)

Bonne *chanson* ainz n'oïstes meillor.

(Auberis. *Id. ibid.*)

Cette chanson d'Auberi a au moins vingt mille vers. Le poème de Roncevaux n'est appelé un roman que dans un des derniers vers du manuscrit 254 :

De cest *romein* nus n'en set plus *chanter.*

Et ce dernier vers lui-même nous affirme que cette chanson de Roland se *chantait.*

Dans le roman de *la Violette,* poème *en vers croisés de huit syllabes,* le héros, déguisé en jongleur, chante sur sa vielle quelques vers intercalés dans le récit. C'est un couplet *sur une seule rime en vers de dix syllabes* (c'est-à-dire, absolument sur la même mesure que notre roman), et ce couplet se retrouve textuellement dans le roman de *Guillaume au court nez* [1]. On chantait donc tout au moins des parties de ces romans carlovingiens.

Examinons maintenant si la chanson de Roncevaux est la chanson *populaire* de Roland. Il faut convenir que quelques passages de notre poème semblent au contraire indiquer une œuvre de littérateur, je dirais presque d'érudit.

Voici, par exemple, des vers qui sont placés dans la bouche de Charlemagne, et qui se trouvent *dans les deux manuscrits :*

> En vieille geste le treuve l'on lisant.....
> El Capitoile de Romme est-il lisant [2],
> Li vieul César qui tant parfu vaillant
> Celui murtrirent à lors espies tranchans,
> Puis enmorurent [3] assez vilainement.
> D'euls est extraiz Guenes li souduiant.

Les *vieilles gestes* sont prises à témoin trois autres fois, et ces trois passages se retrouvent *dans les deux manuscrits :*

> Il est escrit as Set-Sains en Bretagne.....
> Il est escrit au Saint-Denis monstier.....
> Li ber saint Gilles.... en fist l'estoire.....

Il me semble assez peu probable que le souvenir du

---

[1] M. Raynouard, dans le *Journal des Savans*, mars 1831, p. 136.
[2] « A lire, que ces gens là blessèrent.... »
[3] Tuèrent.

vieux César ait jamais pu entrer dans un chant populaire. De plus, cette citation des sources historiques n'a, je crois, aucun analogue dans aucune des poésies populaires connues. Il est tel historien de l'antiquité où l'on en trouvera beaucoup moins que dans ce vieux roman de chevalerie. Cependant on peut donner une raison pour accorder cette singularité avec le caractère ordinaire des chants nationaux. Tous les peuples ont commencé par croire à leurs traditions, même épiques, comme à une histoire sérieuse. Dans les temps héroïques on ne connaissait pas l'écriture, ou bien on ne l'employait point à écrire l'histoire contemporaine; il n'y avait pas de *vieilles gestes* à invoquer en témoignage. Mais, au moyen âge, comment le *jongleur* et son auditoire auraient-ils pu ignorer que, dans tel couvent du voisinage, il y avait des monceaux d'anciennes chroniques écrites dans la langue de la vérité, dans la langue de la science et de l'église? Tout étrangers qu'ils étaient au *royaume de clergie,* ils en étaient trop proches voisins pour ne pas être instruits de faits aussi matériels, aussi palpables. Quelqu'un aura invoqué les *gestes* par suite de quelque méprise, ou bien par mauvaise foi, et bientôt ces citations seront devenues habituelles. Au reste, on rencontre un fait non moins singulier dans les romances populaires des Espagnols; on y cite l'année de l'incarnation pour plusieurs faits contenus dans les romances de Bermude et d'Alphonse-le-Chaste.

Faut-il donc considérer notre roman de Roncevaux

comme une épopée populaire mêlée d'un petit nombre d'interpolations? On pourrait apporter des raisons assez fortes à l'appui de cette opinion.

En effet, la chanson de Roncevaux réunit souvent les caractères de cette poésie : je veux dire la simplicité, la brusquerie, l'énergie; de plus, la répétition continuelle des mêmes épithètes, des mêmes expressions, des mêmes vers. Il y a peu d'ouvrages qui ressemblent davantage sur tous ces points aux poésies populaires des divers peuples de l'Europe.

Il y a encore dans la chanson de Roncevaux une particularité fort singulière. A cinq reprises, et aux endroits les plus intéressans, on retrouve un même couplet répété deux et trois fois sous une forme légèrement différente. Ainsi les efforts de Roland pour briser son épée, et ses derniers momens, sont répétés trois fois dans l'un de nos manuscrits, et ces trois versions ont un caractère également populaire; au contraire, l'autre manuscrit, qui ne donne qu'une seule version dans ces deux circonstances, semble ici une paraphrase un peu languissante de l'autre texte [1]. Comment penser qu'un auteur se sera amusé à répéter les mêmes faits sur d'autres rimes avec quelques légers changemens, et qu'il ait eu assez de fécondité pour faire à peu près aussi bien plusieurs fois de suite? N'est-il pas plus naturel de regarder ces couplets doubles et triples comme des chants populaires qui se sont

[1] Voyez les Variantes (1ʳᵉ partie).

trouvés exister en plus grand nombre sur les endroits les plus poétiques, les plus populaires de la légende?

Les auteurs de poèmes chevaleresques font ordinairement précéder leur œuvre d'une introduction où ils se font connaître, où ils indiquent leurs auteurs et protestent de leur véracité. Dans la chanson de Ronceveaux, nous ne trouvons rien de semblable. Les variantes continuelles des deux manuscrits sont aussi à remarquer. On sait que le propre des poésies populaires est d'être faites par des inconnus qui ne se nomment pas, et dont les inventions sont continuellement arrangées et modifiées par leurs successeurs [1].

Nous avouerons cependant que la question est loin de nous sembler résolue. 1° Nous n'avons à présenter aucune preuve directe qu'aucun des morceaux contenus dans ce manuscrit ait fait partie de la chanson de Roland, ni même d'aucun chant qualifié de populaire. 2° Nous n'avons connaissance dans ces mêmes siècles d'aucun chant épique français incontestablement populaire, qui puisse être comparé avec notre roman de Roncevaux. 3° Les textes que nous avons cités prouvent que la *chanson* de Roland se *chantait*. Comment supposer qu'on ait imaginé un ensemble de 8000 vers destinés à être chantés de suite? D'ailleurs les chants épiques dont l'origine populaire est authentique (c'est-à-dire, ceux qu'on sait avoir été écrits tels que la tradition seule les

____
[1] Voyez les Variantes (2ᵉ partie).

avait long-temps conservés), sont ordinairement assez courts, et ne dépassent jamais plusieurs centaines de vers. C'est, en effet, jusqu'où peut aller la force du plus infatigable chanteur.

Ainsi je n'affirmerai point que notre chanson de Roncevaux soit la fameuse chanson de Roland. J'observerai seulement qu'il a dû certainement exister plus d'une *chanson de Roland*, c'est-à-dire, des chants sur les principaux points d'une vie aussi fameuse. Il n'est pas impossible qu'un trouvère se soit avisé de composer sur ces chants un long poème. Soutenu et inspiré par la poésie populaire, ce poème en aura eu les qualités. Sans regarder cette explication comme inadmissible, j'avoue que je pencherais plutôt pour une autre hypothèse, d'après laquelle notre roman de Roncevaux serait composé des chants populaires eux-mêmes, mais remaniés, mis en ordre et complétés. C'est ainsi qu'une opinion fameuse et très-répandue nous présente la tâche des premiers éditeurs d'Homère, parmi lesquels on compte de grands poètes (Simonide, Anacréon), et dont le nom (διασκευασαί) signifie d'ailleurs *arrangeurs*. Et de plus, il existe des suites de chants populaires; entre autres les romances de Rodrigue, et les ballades de Robin Hood, qui semblent disposées exprès pour être *arrangées* en poème épique.

Au reste, quand même aucune partie de ce poème ne serait de la poésie populaire, je crois pouvoir regarder comme certain que les récits qu'il contient ne sont pas une invention individuelle, mais des traditions nationales et universellement répandues.

Pour le prouver, nous allons essayer d'établir que le nom de Charlemagne n'a jamais cessé d'être populaire jusqu'à l'époque la plus récente où puisse être placé notre roman; qu'en particulier les *chants traditionnels* sur Roncevaux et sur les paladins sont antérieurs au premier *livre* connu qui résume ces traditions. De plus, nous tâcherons de prouver que l'auteur ou les auteurs du roman de Roncevaux n'ont pas pu *prendre ce livre pour base*.

I. Du Xe au XIIIe siècle, le nom de Charlemagne n'a jamais cessé de jouir de la plus grande popularité.

On sait qu'au Xe siècle tous les fondateurs des nouvelles dynasties veulent descendre de Charlemagne, au moins par les femmes.

En l'an 1000, l'année solennelle du moyen âge, l'année où le monde devait finir, toutes les chroniques de France et d'Allemagne s'occupent de la visite faite par Othon III au vieil empereur *à la barbe grifaigne*. Un comte qui avait suivi l'empereur racontait, nous dit-on, avec un respect mêlé d'effroi, que le corps n'était pas couché selon l'usage ordinaire, mais assis sur un trône, un sceptre dans la main. Ses ongles avaient continué de croître, et avaient percé les gants dont ses mains étaient couvertes. Toutes les parties de son corps étaient dans un état de conservation parfaite, à l'exception du nez, qui était légèrement endommagé [1].

En l'an 1095, au moment de l'immense mouvement de la première croisade, l'Europe était persuadée que Charlemagne était ressuscité d'entre les morts pour la conduire à la guerre sacrée [2].

Vers le milieu du siècle suivant, Charlemagne fut canonisé par l'anti pape Pascal II. Ce nouveau saint fut accueilli avec enthousiasme, et pour cette seule fois peut-être on vit le saint d'un anti pape reconnu par la cour de Rome.

II. La chronique de Turpin a été précédée de chants qui célébraient les traditions carlovingiennes. Voici un texte positif tiré de cette prétendue chronique contemporaine :

« Oellus, comes urbis quæ vulgò dicitur Nantas. De hoc canitur in cantilena usque in hodiernum diem, quia innumera fecit mirabilia. c. XI (Ed. Rauber) [3]. »

« Hoël, comte de la ville qui s'appelle Nantes en langue vulgaire. C'est lui qui est chanté encore aujour-

[1] Chr. Novalic. Historiens de France, X, p. 144. — Voyez aussi p. 145, 124, 229, 319.

[2] Schmidt, Hist. des Allem. t. II, d'après Ursperg, CCXLV.

[3] Je n'ai pu retrouver le texte que cite M. P. Pâris dans sa préface de *Berthe aus lons piés*. Comme il n'y a d'autre différence que le nom propre (*Ogerius, dux Daniæ,* au lieu de *Oellus,* &c.), je pense que ce n'est qu'une variante ; sinon, il faudrait compter deux textes au lieu d'un.

d'hui dans la chanson, parce qu'il fit des prodiges innombrables. »

Dans l'épître du prieur de Vienne au clergé de Limoges en lui envoyant la chronique de Turpin (v. l'an 1100), on lit ce qui suit :

« Egregios invicti Caroli triumphos, ac præcelsi comitis Rotolandi agones in Hispania gestos, *nuper ad nos ex Hesperia delatos*, ingenti studio exscribere feci, maximè quòd apud nos ista latuerant hactenus, nisi quæ *joculatores*[1] in suis præferebant *cantilenis*. »

Ces mots écrits par un *Provençal* à un *Provençal* prouvent bien qu'on n'avait pas besoin de Turpin pour chanter Roland et Roncevaux; mais ils ne prouvent point qu'on chantât Roland et Roncevaux en *France*, c'est-à-dire, au nord de la Loire. Il en est de même des deux textes tirés de la chronique elle-même. Rien, je crois, ne s'oppose directement à ce que cette chronique ait été composée en France; mais elle peut fort bien l'avoir été en tout autre pays, peut-être en Italie, d'où le prieur de Vienne prétend l'avoir fait venir, peut-être à Vienne même, comme on peut le supposer[2].

Mais les trois textes déjà cités d'Ordéric Vital, de Guillaume de Malmesbury et de Robert Wace, joints à

---

[1] *Joculator*, *jogleor* ou *jongleor*, ensuite jongleur.

[2] On a conjecturé que l'auteur pourrait bien être l'archevêque de cette ville, qui fut pape sous le nom de Calixte II, et qui recommanda cette chronique aux fidèles chrétiens de tous les pays. (Voyez Biogr. univ., TURPIN, par M. Daunou, et la fin de notre IIIe note.

l'anecdote du roi Jean, prouvent parfaitement l'existence de poésies populaires françaises sur Roland. Quant à savoir quelle est la patrie originaire de ces traditions poétiques, nous ne débattrons point cette obscure et difficile question ; il nous suffit pour notre but de savoir que Roland a été populaire dans l'un et l'autre pays.

III. Le roman de Roncevaux a-t-il été fait sur la chronique de Turpin?

Il suffit de la lire pour être à peu près convaincu du contraire ; car ce serait à la lettre un mort qui eût engendré un vivant. Il y a sans doute des ressemblances entre les deux ouvrages[1] ; la communauté des traditions ne pouvait manquer d'en faire naître. Mais, si l'on eût pris Turpin pour guide , même avec intention de l'altérer à plaisir, comment aurait-on imaginé de faire mourir à Roncevaux l'historien même de Roncevaux? comment surtout ne fût-il pas resté quelque chose du but principal de la chronique, l'éloge de S. Jacques, et de son pélerinage, dont il n'est pas dit un mot dans notre roman[2]? Enfin ce roman ne contient que la seconde moitié de Turpin; et un des faits les plus reconnus que présente l'histoire si obscure de ces romans

---

[1] Voyez la note II.

[2] Un romancier, continuateur de *Berthe aus grans piés*, a pris Turpin pour guide dans une partie de son *Charlemaine, fils de Pepin et de Berthe*, et je me suis assuré qu'il est d'une exactitude sans égale. (Bibl. du Roi, nº 7188, p. 125.) Ce roman, qui contient toute la vie

du moyen âge, c'est qu'ils n'ont jamais été en se décomposant, mais au contraire en se combinant plusieurs en un seul.

Après avoir essayé de prouver que notre roman de Roncevaux est emprunté directement à des traditions nationales et populaires, nous allons le comparer avec l'histoire, telle qu'on peut la tirer des monumens historiques.

D'abord, quelle trace nous reste-t-il des faits qui font le sujet de ce roman? Quelques lignes d'Éginhard et du poète saxon qui l'a paraphrasé dans le siècle suivant. Aucun des autres chroniqueurs contemporains n'en dit un mot. Voici le célèbre passage d'Éginhard :

« Omnibus quæ adierat oppidis atque castellis in deditionem susceptis, salvo et incolumi exercitu revertitur; præter quod in ipso Pyrenæi jugo Wasconicam perfidiam *parumper* in redeundo contigit experiri : nam, cùm agmine longo, ut loci et angustiarum situs permittebat, porrectus iret exercitus, Wascones, in summi montis vertice positis insidiis (est enim locus ex opacitate silvarum, quarum maxima est ibi copia, insidiis ponendis opportunus), *extremam impedimentorum partem*, et eos qui, *novissimi agminis* incedentes, *subsidio præcedentes tuebantur*, desuper incursantes,

de Charlemagne, suit presque en tout le même ordre que les chroniques de Saint-Denis, *sur lesquelles il a été composé*. L'enfance et l'éducation de Charlemagne (1er livre), et sans doute quelques autres récits fabuleux qui ne se trouvent pas dans les chroniques de Saint-Denis, complètent cette énorme compilation.

in subjectam vallem dejiciunt ; consertoque cum eis prælio, *usque ad unum omnes interficiunt*, ac direptis impedimentis, noctis beneficio, quæ jam instabat, protecti, summa cum celeritate in diversa disperguntur. Adjuvabat in hoc facto Wascones, et levitas armorum, et loci, in quo res gerebatur, situs. Econtrà Francos et armorum gravitas, et loci iniquitas, per omnia Wasconibus reddidit impares. In quo prælio Eggihardus regiæ mensæ præpositus, Anselmus comes Palatii, et *Hruodlandus* [1] *Britannici limitis præfectus*, cum aliis *compluribus* interficiuntur. *Neque hoc factum ad præsens vindicare poterat*, quia hostis re perpetratâ ita dispersus est, ut ne fama quidem remaneret ubinam gentium quæri potuisset. »

A la première vue, on dirait que ce grand combat de Roncevaux n'est qu'un coup de main hardi contre des bagages mal gardés. C'est en effet ce qu'Éginhard veut nous faire entendre. Cependant il résulte de son récit : 1° Que cette arrière-garde a dû être composée de soldats d'élite, car *ils protégeaient ceux qui les précédaient* (subsidio præcedentes tuebantur); 2° qu'il périt trois des principaux leudes du palais impérial et beaucoup d'autres (complures alii); 3° qu'il n'échappa pas *un seul* des combattans (usque ad unum).

Il est malheureux que, dans la péninsule espagnole, aucun contemporain n'ait parlé de ce combat. Mais, mal-

---

[1] *Aliàs* Hrodlandus, Hrollandus, Ruodlandus, Rotlandus.

gré le silence des Espagnols de l'époque, et en particu-
liers des montagnards wascons, qui, je pense, n'écri-
vaient guère, ce nom de Roncevaux avait en Espagne
une aussi grande renommée que dans la Gaule. Ils regar-
dèrent ce combat comme une de leurs plus grandes
gloires; Bernard de Carpio, le vainqueur supposé de
Roland, l'Hercule qui étouffa cet Antée chevaleresque,
est un de leurs noms les plus populaires. Ils rappellent
ce souvenir avec fierté dans leurs chants nationaux.

> Mala la vistes Francezes
> La caça de Roncesvalles.
> Don Carlos perdio la honora,
> Murieron los doze pares [1], &c.

Pour moi, je ne doute pas qu'au XIIIe siècle la chro-
nique d'Alphonse-le-Sage ne soit de temps en temps (par
une rencontre tout-à-fait fortuite) plus véridique que
celle du contemporain Éginhard. Au lieu de nous pré-
senter le combat de Roncevaux comme une attaque de
brigands, une félonie de sujets révoltés, il nous dit, au
milieu de beaucoup de fables et sous des dates très-
fausses, que Charlemagne, voulant retourner en Gaule,
se dirigea sur le territoire de quelques pauvres chrétiens
qui s'étaient retirés dans la montagne pour y vivre in-
dépendans des infidèles; qu'à l'approche du puissant

---

[1] *Cancionero de romances*. Rom. del conde Guarinos, p. 101. —
Ce recueil est uniquement composé de chants populaires ou de mor-
ceaux antérieurs au XVe siècle.

empereur, ces pauvres gens *pleurèrent des yeux, et supplièrent Dieu de les défendre d'un si grand empereur qui venait sur eux.* S'il ne fallait que le silence de l'histoire pour autoriser une tradition, nous pourrions même, d'après la même chronique, nous permettre de dire que le roi des Asturies, après avoir appelé les Francs, fut forcé par ses sujets de combatre contre eux, *car ils aimaient mieux mourir libres que vivre sous la servitude des Français* [1]; qu'enfin, à force de courage et d'héroïsme, les Espagnols parvinrent à vaincre les Français.

Nous croirons donc qu'Éginhard a un peu dissimulé la vérité sur la bataille de Roncevaux, et que cette bataille avait fait assez d'impression sur les contemporains pour s'être conservée avec éclat dans la tradition. Cependant, si Roncevaux a été populaire dès le temps de

[1] « E quando llego a los montes Pyreneos, domoravan a un unos pocos de Christianos que escaparon de la espada de los Moros. Ovieron aquellos Christianos muy gran miedo del emperador : et llorando de los ojos pidieron merced a dios que los diese acorro e los defendiesse de aquel tan gran emperador que sobre ellos venie, ca ellos non cuydavan mas bivir. (III[a] parte, cap. x.) E los ricos omes del rey don Alfonso-el-Casto quando sopieron lo porque fueron los mandaderos al emperador Carlos, peso les mucho de coraçon : et consejaron al rey que revocase aquello que embiara dezir al emperador, synon que lo echarien del reyno, e que ellos catarien otro señor : ca mas querien morir libres que ser mal andantes por el e en servidumbre de los Françeses. (*Ibid.*) » Le roi des Asturies contemporain de la bataille de Roncevaux n'est pas Alfonse-le-Chaste, mais Silo, un de ses plus obscurs prédécesseurs.

Charlemagne, comment se fait-il que cet amusant moine de Saint-Gall, qui, soixante-et-dix ansaprès, nous raconte les récits qu'un vieux guerrier et un vieux prêtre lui ont faits dans sa jeunesse, ne nous dise pas un mot de Roncevaux ni de Roland [1]? C'est que le compagnon de Charlemagne dont le moine de Saint-Gall nous répète les anecdotes, n'a assisté qu'aux dernières guerres du nord; de plus, le moine de Saint-Gall, dans une contrée allemande et fort éloignée des frontières espagnoles, devait s'intéresser assez peu à des guerres fort importantes pour la Gaule, mais qui touchaient peu la Germanie : d'ailleurs dans tout ce livre il n'est pas dit un mot de l'Espagne.

Nous avons comparé les événemens de notre roman avec le récit malheureusement unique d'Éginhard. Il n'est pas moins curieux de rechercher dans l'histoire les personnages de la tradition épique. Nous retrouvons parfaitement conservés deux des principaux noms que l'histoire mêle à la bataille de Roncevaux, ceux de Charlemagne et de Roland. Nous retrouvons aussi le Turpin de la fable dans Tilpinus, qui fut archevêque de Reims à cette époque. Quant aux noms d'Ogier, d'Olivier, de Naymes, de Girard, Gerin, Garnier, Hugues, &c., nous les retrouvons sous leur forme latine dans les mo-

---

[1] Il a écrit entre 883 et 885. (Voyez la préface de Basnage, Historiens de France, t. V.) C'est chez lui qu'on trouve pour la première fois l'aventure du lion de Pepin, qui se retrouve chez les romanciers du moyen âge.

numens du vIII^e siècle (Oggerùs, Ulfarius, Namatus, Girardus, Warinus, Warnarius, Hugo). Le seul nom qui ressemble un peu à Ganelon, c'est celui *de Geilo*, qui mourut en combattant les Saxons à Sonnethal. Mais il est fort douteux que ces noms s'appliquent aux personnages de notre roman. Quoi qu'il en soit, l'Ogier et l'Olivier de l'histoire vont nous occuper un instant.

Sous le règne de Pépin, nous trouvons un Vulfarius ou Ulfarius cité comme un des principaux fidèles de ce roi (753). Vers le commencement du siècle suivant, un comte Ulfarius, *homme noble et illustre*, n'ayant aucun parent, cède à un saint homme une terre dans le territoire d'Alby pour y construire une abbaye[1]. Si cet Ulfarius n'est pas l'Olivier de la tradition, il est au moins très-vraisemblable qu'il a combattu contre les Sarrasins, puisque ses possessions étaient situées sur les limites de la Septimanie (Languedoc), qui, après avoir été leur conquête, fut le théâtre ordinaire de leurs invasions.

Il nous reste sur un Ogier contemporain de Charlemagne des détails beaucoup plus intéressans, d'après lesquels il semble avoir eu des droits à devenir pour long-temps fameux dans la mémoire des hommes.

Nous ne trouvons rien sur sa naissance ni sur ses premières années; il nous est seulement désigné comme un

---

[1] D. Bouquet, v, p. 700 D, 458 c.

Franc de race très-noble. En 753, Ogier (Autcharius, Autgarius [1]) est envoyé en ambassade par Pépin auprès du pape Étienne II. Il paraît qu'il fut ensuite un des leudes les plus fidèles de Carloman, frère de Charlemagne; car, après la mort de ce prince, et peut-être non sans avoir tenté une lutte inégale, il conduisit à Pavie la veuve et les jeunes enfans de son roi [2]. Lorsque Charlemagne attaqua ensuite les Lombards, Oger (Oggerius [3]) combattait à leur tête. Il était avec le roi Didier lorsqu'une troupe de guerriers éprouvés tourna les *cluses* des Alpes, et contraignit à la retraite la faible troupe des Lombards. S'il faut en croire le moine de Saint-Gall (ou peut-être une *chanson de geste* qu'il nous a traduite en latin), Ogier (Oggerus [4]) était avec le roi Didier sur la plus haute tour de Pavie pour voir arriver l'armée des Francs. « Voilà Charlemagne, dit le roi dès qu'il aperçut les bagages. — Non, dit Oger, ce n'est point Charlemagne. » Bientôt le roi s'écrie : « Il est au moins dans cette seconde armée. — Non, ce n'est point lui, dit Oger, ce n'est point lui encore. » Le roi trembla et dit : « Que ferons-nous, Ogier, s'il doit en venir d'autres? — Tu verras, ô roi, combien sa venue sera terrible. Quant à nous, j'ignore ce que nous allons devenir. » Et pendant qu'ils parlaient on voyait arriver

---

[1] D. Bouquet, *ex Anastasio* v, p. 376. — Diplom. p. 696.

[2] *Id. ibid.* v, p. 459, c.

[3] *Ibid.* Chr. Moissac. p. 69.

[4] Mon. Sangall. l. ii, c. 26.

les jeunes gens du palais, les guerriers infatigables. Didier s'écria : « Il est parmi ceux-ci. — Pas encore. » Alors on vit venir, avec de nombreux compagnons, les évêques, les abbés, les clercs de la chapelle. Didier, lorsqu'il les aperçut, maudit et la mort et la vie ; il bégaya en sanglotant : « Descendons, Ogier, descendons ; allons nous cacher sous la terre. » Mais Ogier, qui avait appris à connaître la puissance du roi des Francs, lui répondit : « O roi, ce n'est pas encore Charlemagne. Quand tu verras la moisson s'effrayer dans les champs, le Pô et le Tésin, ces fleuves de fer mêlés à l'eau salée, inonder les murs de Pavie, c'est alors seulement que tu pourras dire : *voilà Charlemagne.* »

Quoi qu'il en soit de ce récit, Ogier (Autcharius, Autharius [1]) aida le fils de Didier dans la défense de Vérone, et fut pris dans cette ville avec les enfans de Carloman. C'est ici que l'histoire contemporaine nous abandonne ; mais une légende sur la conversion du chevalier *Otger,* qui fut écrite un peu plus d'un siècle après la prise de Vérone, nous apprend que *ce guerrier d'une race des plus nobles, et (par la permission de Dieu) le plus victorieux des hommes,* fut élevé par Charlemagne au-dessus de tous ses fidèles, de sorte qu'après l'empereur il était le plus puissant homme de tout l'empire. Ensuite, touché par la grâce de Dieu, ou voulant peut-être pleurer en toute liberté une cause bien aimée,

---

[1] Sigebert. p. 376, D. Anastas. p. 461, A. B.

il se fit moine dans l'abbaye de Saint-Faron à Meaux. On y voit encore son tombeau [1].

Ces textes n'ont rien de décisif, je l'avoue; mais il faut observer que les noms propres sont ce qui se conserve en général le mieux dans les traditions. On retrouve dans les romans les noms de Waïfre duc d'Aquitaine, d'Irmengarde femme de Charlemagne, de Pépin son père, de Louis-le-Débonnaire son fils, &c.

Mais cette exactitude du peuple à conserver les noms propres, ou du moins quelques-uns des plus importans, n'est plus la même lorsqu'il s'agit de distinguer deux individus du même nom. Déjà le moine de Saint-Gall, moins d'un siècle après Charlemagne, paraît le confondre avec son grand-père, Charles-Martel [2]. Il est même très-probable que c'est en partie par la même cause que la grande invasion des Sarrasins en France n'a pas été placée sous ce même Charles-Martel [3]. Ces confusions de noms propres sont fort nombreuses dans toutes les traditions; on comprend d'ailleurs combien elles sont faciles et naturelles. Ainsi il se pourrait qu'Ogier soit devenu un Danois, par la ressemblance de nom avec le Holger des ballades populaires du Danemarck, qui semble être lui-même le noble et brave Helgi de l'Edda poétique.

Mais l'identité des noms est-elle la seule cause qui ait

[1] D. Bouquet, Hist. de France, t. V, p. 174.

[2] *Ut ipsi* (*Nordmanni*) *eum nuncupare solebant, Martellus Carolus;* l. II, c. 22.

[3] C'est l'opinion de M. de Sismondi, Hist. des Français, t. II, p. 263.

fait confondre ensemble les exploits de Charles-Martel et de Charlemagne? Je crois qu'on peut attribuer aussi cette confusion à ce grand besoin de tous les arts, l'unité, qui semble encore plus préoccuper les masses quand elles composent que les individus isolés. Pourquoi, par exemple, les vrais vainqueurs de Roncevaux, les Wascons, sont-ils remplacés par les Sarrasins? C'est que Charlemagne ne peut avoir d'autres ennemis que les Sarrasins; c'est que le nom du petit peuple wascon ne pouvait manquer de se trouver perdu dans le nom générique de Sarrasins donné à tous les ennemis de Charlemagne; c'est que les esprits, au bout de plusieurs siècles, n'étaient plus préoccupés que d'un fait immense, la Gaule sauvée de la conquête mahométane. Une longue suite de guerriers avait dû se distinguer dans cette lutte glorieuse qui désola pendant cent vingt ans les deux versans des Pyrénées. La reconnaissance populaire, qui distinguait quatre générations dans la célèbre famille de Guillaume au court nez, semble avoir réuni sur un seul des Carlovingiens la gloire des quatre générations de cette race qui présidèrent à la guerre contre les Sarrasins. Je ne prétendrai point que Charles-Martel et Pépin ne soient jamais dans les romans les vainqueurs des Sarrasins; mais je n'en trouve aucune trace dans tout ce que j'ai lu sur ce sujet si peu éclairci. J'ai bien entrevu un roman, *Garins li Loherans* (Guérin le Lorrain), où les noms de Charles-Martel et des Sarrasins se trouvent ensemble; mais ces Sarrasins, nommés le plus souvent

Hongres, ne sont en effet que des Hongrois païens (du moins dans la partie que j'ai lue [1]). Réciproquement, les Sarrasins de notre roman sont confondus une fois avec les Hongrois; ce qui prouve que tous ces noms de nations infidèles se prenaient assez indifféremment les uns pour les autres. Quoi qu'il en soit, la lutte tout entière des barbares du nord contre les barbares du midi semble avoir été ordinairement attribuée à Charlemagne. On se souvenait encore que ces temps de misère et de gloire avaient duré plus d'un siècle; mais on ne fut nullement embarrassé de ce long espace de temps : en effet, il suffisait de quadrupler la durée du règne de Charlemagne.

« Mien escian, a passé deus cens ans »,

dit un chef païen dans le roman de Roncevaux. C'est ainsi que la lutte des Bretons contre les Anglo-Saxons a été attribuée tout entière à celui des chefs cambriens que l'histoire a peut-être le plus négligé. Enfin on sait à quel nombre très-restreint de noms propres se réduisent déjà les souvenirs populaires sur les dernières années de notre histoire.

Par suite de cette loi littéraire de l'unité que les traditions suivent sans la savoir, il n'est pas dit un mot dans notre roman qui n'ait trait à la guerre contre les infidèles, et cependant ce même temps avait vu des guerres furieuses contre les barbares du nord : mais les fils des Gaulois, qui n'avaient vu chez eux que les barbares du

---

[1] Bibl. de l'Arsenal, man. de La Vallière.

midi, ne semblent pas avoir été bien en frayeur des Slaves, des Awares et des Saxons. Si les noms d'Esclavons et de Hongrois [1] sont quelquefois mêlés aux noms des nations mahométanes, n'est-ce pas plutôt un souvenir des souffrances du Xe siècle que des victoires du VIIIe sur leurs prédécesseurs, les Slaves et les Awares?

Mais toutes ces inexactitudes, pour ainsi dire matérielles, de la tradition épique de Roncevaux, ne sont rien auprès de l'altération complète qu'ont subie les mœurs, les idées, les faits généraux de l'époque carlovingienne. Le Germain Karl et ses leudes sont devenus Charlemagne et ses pairs; nous sommes au XIIe siècle, point du tout au VIIIe. La guerre contre les musulmans est uniquement considérée sous le point de vue des croisades. Malgré ce qui leur reste encore de dur et de barbare, les héros de Roncevaux sont en tout de véritables chevaliers, tels que les avaient faits les premières croisades : ce ne sont plus les féroces compagnons de Charlemagne. Nous ne trouvons rien de comparable à ce terrible guerrier qui, dans le moine de Saint-Gall, raconte ainsi ses expéditions chez les Slaves Obotrites, Venèdes et Bohèmes : « C'étaient de pauvres petites grenouilles; j'en avais toujours huit ou neuf embrochées à ma lance, murmurant je ne sais quoi. Il était bien inutile d'aller nous fatiguer, l'empereur Karl et moi, contre une pareille vermine [1]. » Quelle que soit, sur une

---

[1] Mon. Sangall. II, 20.

foule de points, la ressemblance de l'époque carlovin-
gienne et de l'époque féodale qui n'en est que le dévelop-
pement, nulle part nos chevaliers de Roncevaux ne se
livrent à cet orgueil brutal de la force. Olivier est déjà
devenu *le courtois Olivier*. Le vieux Charlemagne lui-
même montre une courtoisie rare à l'égard d'un de ses
fidèles vassaux. Le duc Othon, envoyé à la poursuite
de Ganelon, lorsqu'il s'échappa pour la première fois,
désespère de l'atteindre, et revenu au camp de Char-
lemagne, il en est chassé avec ignominie. Il ne perd pas
courage, et parvient enfin à ramener Ganelon. Charle-
magne se désole de l'outrage qu'il a fait à Othon.

> Quant voit fel Gane, si commence à plorer :
> « Hé ! Othes sire, gentiz iestez et ber.
> Por amor Deu qui se laissa pener,
> Cel traïtor où poïstes trouver ?
> A moult grant tort vouz fiz arsoir [1] blasmer.
> Tenez mon gaige por le droit amender. »
> — « Sire, dit Othes, ice laissiez ester [2] ;
> Vouz iestez rois, je sui uns bachelier.
> Quant voz plaira, sel [3] porrez amender. »
>   (Man. 7227.)

De même, dans Turpin, Roland, au milieu d'un com-
bat singulier contre le géant sarrasin Ferragus, fait une
trève d'une heure, et, voyant son ennemi s'endormir,

---

[1] Hier au soir.
[2] « Mettons cela de côté. »
[3] « Certes, vous pourrez le réparer. »

va lui mettre une grosse pierre sous la tête pour lui servir d'oreiller.

Une autre altération historique fort remarquable. c'est que Charlemagne a complétement cessé d'être pour les Français un étranger, un vainqueur; c'est *le roi de Saint-Denys*, comme le dit à plusieurs reprises notre roman, c'est le roi vraiment national de la troisième race [1]. De même, dans les traditions persanes, Alexandre est devenu l'héritier légitime de la monarchie : Darius n'est qu'un usurpateur et un méchant roi.

Si Charlemagne et son armée sont ainsi défigurés par la tradition, à plus forte raison les Sarrasins seront-ils méconnaissables. Toute leur religion consiste dans des idoles de Mahomet et du fabuleux Tervagant ou Termagant, bizarrement mêlées à celles de quelques dieux du paganisme. On sait qu'ils ont en horreur toute représentation figurée.

Mais autant notre roman est peu exact comme histoire de Charlemagne et comme tableau des mœurs mahométanes, autant il est véridique et fidèle dans la peinture de l'époque féodale. On a pu le voir déjà dans les extraits que nous avons donnés. Ce sont bien là les

---

[1] Nous ne trouvons même guère de traces de la haine nationale de la France contre l'Allemagne, ni même de l'antipathie profonde qui séparait, au moyen âge, les diverses *nations* de la France actuelle. Nous remarquerons seulement que le traître Ganelon est Mayençais, c'est-à-dire, de race tudesque.

batailles, l'héroïsme, la courtoisie, la dévotion, en un mot, les mœurs et les idées de la féodalité, cette période si curieuse de notre histoire. Je transcris ici comme nouvelle preuve un petit morceau tout-à-fait caractéristique, c'est la prise de Saragoce par Charlemagne. On croit lire les historiens des croisades.

> Passe li jors, la nuiz est aserie [1].
> Cler luist la lune par la cité antie [2].
> Là sus el ciel meinte estoile flanbie.
> Li empereres Saragoce a saisie.
> A sa gent rueve [3] qu'il ne s'arrestent mie,
> La cité cerchent qu'est d'avoir replenie,
> N'i ait citerne, ne grant mahomerie,
> Ne liu oscur, ne grant herbergerie,
> Qui tost ne soit torné à desertie.
> Et nos François qui d'avoir ont envie
> I sunt coru. Ne s'asséurent [4] mie,
> Froissent et brisent, qu'il ne demorent mie,
> Marsile l'ot asanblé en sa vie [5].
> Mahomet trovent et Jupin ordalie [6].
> François les ferent (qui Dex port garantie!)
> Cil qui ot aze [7] en ot greignor partie. —

[1] De *serus*, tard, avancée.

[2] Antique.

[3] *Rogat*, demande, ordonne. Le *que* suivant gouverne les verbes *cerchent* et *ait*.

[4] « Ne prennent point de précautions. »

[5] Il y a peut-être une lacune d'un vers, ou bien *le* est pour *ce que*. « Ce que Marsile a rassemblé.... »

[6] Qui sert d'*ordalie*, d'épreuve judiciaire.

[7] Ane (pour emporter le butin).

Karlles croit Deu, lo fil sainte Marie.
Li rois a une eglyse en la cit establie,
Et set evesques l'i ont bien benéie.
Paiens menarent à la baptizerie.
Meint Saracin i ont lor loi guerpie.
Plus de vint mil la nostre ont recolie.
Qui nel vost faire, ne pot avoir aïe
Ne fust pendus ainz la nuit aserie.
Mais Braimimonde [1] ne la volt prendre mie.
Li rois de France ne l'en efforça mie.
En doce France l'emmena sans fallie [2].
Tost per amor prendra la loi saintie,
Deu servira dedens une abaïe.

(Man. 7227, f° 23 v°, c. 9, et man. 254.)

Ainsi nous trouvons, en comparant avec l'histoire les traditions contenues dans ce roman, que les faits historiques qui y correspondent méritaient d'être conservés dans la mémoire des peuples ; mais que, d'autre part, il y a une infinité de faits supprimés, et des personnages ou des peuples fort différens confondus ensemble ; que, de plus, les mœurs et les idées ne se rapportent pas au temps de Charlemagne, mais à celui de la féodalité.

Cette comparaison de la tradition avec l'histoire serait extrêmement féconde, si on l'étendait à toutes les traditions populaires qui ont une histoire contemporaine. En effet, si l'esprit humain suit des lois constantes,

[1] La reine, femme de Marsile.
[2] Sans faute, sans y manquer.

comme on ne peut guère en douter, dans ce grand travail de la tradition, qui seul donne à la plupart des hommes un passé et une patrie, on pourrait découvrir ces lois par l'analyse, et les appliquer aux âges sur lesquels nous n'avons que des monumens traditionnels. Il est bien entendu que cette restitution sera très-incomplète : il est toujours très-délicat d'appliquer des formules générales, ordinairement un peu vagues. L'historien sera plus embarrassé, plus exposé à l'erreur, en interprétant les plus riches monumens traditionnels, qu'en étudiant avec patience les plus rares débris contemporains.

Je ne puis avoir la prétention de traiter cet immense sujet. Il faudrait comparer les récits du grand poème national des Persans, le *Shah-nameh*, avec les ouï-dire d'Hérodote et les débris de Ctésias, les romans orientaux sur Alexandre avec les histoires occidentales, l'Haroun-al-Raschid des *Mille et une nuits* avec celui de l'histoire, les vieilles épopées scandinaves et allemandes avec les restes des lois barbares et les maigres renseignemens des auteurs grecs et latins, le cycle immense d'Arthur et de la table ronde avec une ou deux pages des chroniques contemporaines ; il faudrait aussi rechercher la réalité dans une foule de traditions chantées et parlées dont l'histoire est possible ; il faudrait enfin étudier, dans son rapport avec l'histoire, tout cet immense cycle carlovingien avec ses mille poèmes et ses mille rédactions en prose, ce cycle dont les monumens se sont succédé sans interruption dans toutes les langues du XIIe au XVIe siècle, depuis les vieilles chansons de geste jusqu'à l'Arioste : dans ce grand ensemble, il ne faudrait pas oublier ce *contre-cycle* espagnol [1] inspiré par le patriotisme, qui oppose au fabuleux Roland un Bernard de Carpio plus fabuleux encore, qui oppose à une conquête imaginaire des récits interminables sur Roncevaux et sur la résistance nationale.

Mais les traditions ne sont pas les seuls renseignemens que nous puissions consulter sur les temps anté-historiques. Il nous reste encore les langues et les races elles-mêmes [2].

Mais ces monumens, de même que les traditions, ont éprouvé toujours plus ou moins d'altérations en se transmettant des temps fabuleux aux temps où nous pouvons les étudier; en un mot, ils ont l'immense défaut de n'être qu'en partie contemporains de l'époque dont ils nous entretiennent. Il faut donc, à peu près comme pour les traditions, que la critique *anté-historique* sache d'abord comment se sont modifiées et mêlées les races et les langues dont l'histoire est connue.

[1] Voyez la note III.

[2] Préface des Recherches sur les langues tartares, par M. Abel Rémusat. C'est, je crois, le premier ouvrage où une théorie scientifique de l'étymologie soit appliquée systématiquement aux recherches historiques. Niebuhr, Hist. rom., t. I, p. 115-119 (trad. française). — C'est, je crois, la première fois qu'une science nouvelle, la grammaire comparée, est appliquée à l'histoire. Lettre de M. Milne-Edwards à M. Am. Thierry, sur les caractères physiologiques des races.

Alors au moins on s'appuiera sur des réalités dans l'étude des époques fabuleuses, étude si attrayante pour notre curiosité et dont on ne peut nier l'importance, quoiqu'on l'ait souvent exagérée.

NOTE PREMIÈRE.

VARIANTES.

Les variantes sont de deux sortes, ainsi que nous l'avons dit :

1° Rédactions différentes du même récit dans le même manuscrit;

2° Différences des manuscrits entre eux.

§ 1er.

Nous commençons par les premières variantes.

I. Dans la querelle de Ganelon et de Roland, il y a deux couplets qui roulent absolument sur les mêmes idées, et qui sont la répétition l'un de l'autre. (Manusc. 254, unique pour cette partie.)

II. Lorsque Roland refuse de sonner du cor, le deuxième couplet est ainsi répété :

« Sire compains, encor vouz voil rouver
Vostre olyfant, que le faites sonner.
Si l'orra Karlles, qui France a à garder.
Je vouz plevis s'ost fera retorner. »
« Ne place à Deu, ce dist Rollans li ber,
Que por païens comence hui à corner,
Ne de ma bouche en doie estureter,
Ne douce France crot home à reprover.
Quant je devrai en la bataille entrer,
Adonc m'orroiz Monjoie reclammer,

> Par bon coraige hautement escrier,
> Plus de mil cops ferrai à l'assambler
> De Durandart, qui tant fait à loer.
> Tost en verrai le brant ensainglenter.
> Franc, se Deu plaist, voldront ainsiz joster.
> Ja cil d'Espaigne ne s'en porront vanter;
> Parmi les mors les convenra passer. »
>
> (Man. 7227, f° 2 v° c. 4. — Man. 254, v. 1904.)

III. Dans le morceau de la mort d'Olivier, le second couplet est ainsi répété :

> Rollans esgarde Olivier el visaige.
> Tant le vit teint descoloré et paile,
> Li sans vermeus hors de son cors li raie :
> « Dex ! dist Rollans, or ne sais je que faire.
> Sire compains, or faut vostre barnaige.
> Jamais n'iert homs qui encontre vouz vaille.
> Ha ! douce France, com devez iestre mate,
> De tel baron avez perdu l'angarde.
> Li empereres i aura grant dammaige. »
> Duel ot Rollans, trois foïes se pasme.
>
> (Man. 7227.)

IV. Le manuscrit 7227 raconte de trois manières différentes comment Roland ne peut parvenir à briser son épée. Le manuscrit 254, qui ici n'est qu'une paraphrase du premier, ne raconte le fait qu'une seule fois. Nous plaçons ici les deux versions, que nous n'avons pas reçues dans le texte; elles méritent à tous égards d'être conservées :

> 1° Li dus Rollans voit la mort qui l'engraigne.
> Tint Durandart, pas ne li fu estraingne.
> Grant cop en fiert ou perron [1] de Sartaingne.
> Tout le porfent et depiece et degraingne,

---

1 Pierre, rocher. Turpin dit : *Lapidem marmoreum.*

Quant Durandart ne ploie, ne mehaingne.
Sa dolor tote li espant et engraingne :
« Hé! Durandart, com ies de bonne ouvraingne.
Dex ne consent que mauvais hom la teingne ! »
Rollans estoit enz el val de Moraingne ;
L'angres li dist, sans nule demoraingne,
Qu'il la donnast au prince de Chastaingne.
Il l'a mé ceinst, n'est drois que il s'en plaingne.
Et dist Rollans, à la chiere grifaigne :
« J'en ai conquis Anjou et Alemaigne ;
S'en ai conquis et Poitou et Bretaigne,
Puille et Calabre, et la terre d'Espaingne ;
S'en ai conquise et Hongrie et Poulaingne,
Constantinnoble qui siet en son demaingne,
Et Monberine qui siet en la montaingne,
Et Bierlande, prins je et ma compaingne.
Ja Deu ne place (qui tout a en son reingne),
De ceste espée, que mauvais hom la ceingne.
Mieus voil morir, qu'entre paiens remaingne,
Et France en ait et dolor et souffraingne,
Ja Deu ne place qu'en ce lor en avaingne. »

2° Quant Rollans voit que la mort si l'aigrie,
Tint Durandart où li ors reflambie.
Fiert el perron que ne l'espargne mie,
Tesqu'en milieu a la pierre tranchie,
Fors est l'espée, n'est frainte ne brisie.
Or la regrete et raconte sa vie :
« Hé Durandars de grant sainté garnie,
Dedens ton poing a moult grant seignorie.
Un dent saint Pierre et dou sanc saint Denise.
Dou vestiment i a sainte Marie.
Il n'est pas drois paiens t'ait en baillie.
De crestiens dois iestre bien servie.
Mainte bataille aura de toi fornie,
Et mainte terre conquise et agastie,

Que or tient Karlles à la barbe florie.
Li empereres en a grant manandie.
Homs qui te porte ne face coardie.
Dex ne consente, que France en soit honnie. »
(Man. 7227.)

V. Les derniers momens de Roland sont également racontés de trois manières différentes. Nous donnons encore les deux versions que nous n'avons pas admises.

1° Quant voit Rollans de son tans n'i a plus,
Devers Espaigne est couchiez estendus.
A une main fu donc ses pis batus.
« Dex, dist-il, sire, à voz rant je salus.
Ma corpe ranz vouz et à vos vertus
De mes pechiés, des grans et des menus,
Que je ai fait, puisque je fuis nascus,
Jusqu'icest jor que sui ci mort chaüz. »
Ses destres gans en fu à Deu tendus.
Angre dou ciel en descendirent jus.
    Des mains fu li ganz receüs[1].

2° Quant Rollans voit que la mort l'entreprent,
Desor un pin est alez erranment.
Sor l'erbe vert là s'est couchiez as dens
Par ce l'a fait que il weult voirement
Que Karlles die et trestoute sa gent
Dou gentil comte qu'il soit mort conquerant,
Claimme sa corpe et menu et souvent,
Por ses pechiez vers Deu son gaige tent
Li angre Deu le prinrent erranment[2].

---

[1] C'est sans doute par erreur que ce vers n'a que huit syllabes. Il faut probablement lire : *Et de ses mains....*

[2] Les différentes rédactions du discours de Roland à son épée, et de ses derniers momens, ont été citées cette année dans le cours de M. Fauriel sur l'épopée provençale, comme prouvant de nombreuses rédactions, et peut-être une origine *populaire.*

§ II.

Nous passons aux différences des deux manuscrits [1]. Nous ne donnerons d'ailleurs que les principales, nous contentant de remarquer qu'il est excessivement rare que quatre vers de suite se ressemblent entièrement, et qu'en revanche il n'est guère plus commun de trouver une différence dans le fond des idées, ni dans leur ordre. (On sait que le manuscrit 254 est unique jusqu'à la citation de la page 13.)

(Page 14, v. 7.)

« Charlles le oist le roi encoronez
Je vos plévi jà sera il tornez
Secorra nos par bones volentez , (Man. 254.)
Et li Fransois qui les porz ont passez. » (Man. 7227.)
Rollans respont : « De folie parlez.
Ja Deu ne place (qui en croiz fu penez
Et el sepoucre cochez et repoussez.
Fors ad enfern fu notre sire alez ; (Man. 254.)
S'i engieta de ses amis privez.) (Man. 7227.)
Felon paien seront à mort tornez,
Que ja li cors soit de par moi sonez.
Ainz en ferai de Durandart asez , &c. (Man. 254.)

(Page 15 , v. 7.)

Respont Rollans quant cele ot escoutée (Man. 7227.)
Ne place Deu qui fist la mer salée
Ne Marien la poucelle honorée
Que por paien i face ja cornée, &c. (Man. 254.)

(Page 16, v. 1.)

Ja Dex ne place qui fist chascun bernage

Nous trouvons dans une note de M. Galland (*Acad. des Inscr.* t. II, p. 680) qu'il existe un troisième manuscrit intitulé *Roman de Roncevaux ;* mais ce roman est en vers alexandrins. L'auteur inconnu de ce roman nous apprend qu'il a *abrégé l'histoire* et que *Jean Bodiaux, qui la langue ot polie,* avait fait un autre roman de Roncevaux ; c'est sans doute J. Bodel d'Arras, contemporain de S. Louis : rien n'indique d'ailleurs qu'il soit l'auteur ou l'*arrangeur* de notre roman.

7.

Que par moi France ait negun reprovage,
Ne reprover i puist à hon de mon lignage.
Asez vel mex defendre mon aage,
Que cil paien aient de moi quevage,
Ne nus par ais perdon nostre heritage. (Man. 254.)

(Page 17, v. 2.)

Li arcevesque qui proz fu et ardiz
Lo destrier bronze, si monte en un lariz.
Fransois apele, grant sermon lor a dit ;
« Seignor baron, Karlles nus a norriz.
Por nostre roi devons estre esbaudiz,
Chrestientez n'ait pas de nus mal diz. » (Man. 254.)

(Page 19.)

Ici les deux manuscrits commencent à être souvent totalement différens :

A Olivier en a dit son corage :
« Sire compeing, je vous ting por mot sage.
Tant bon vassal vois mort en cest herbage.
Dont l'empereres a perdu son omage.
Pleindre devons douce France la large
E Charlemeine le roi de haut parage.
Confaitement porrons avoir message,
Par cui saüst le nostre grant dammage
Que nos sofrons en cest desert sauvage. »
Dist Oliviers : « G'en dirai mon corage.
Mex vel morir que j'en die hontage. » (Man. 254.)

Le couplet suivant ne présente que de très-légères variantes.

(Page 20 , v. 7.)

Ce dist Rolans li proz et l'alosez :
« Sire compeing, merveilloz tort avez ;
Por amor Dex por quoi me rampoinez.
Nostre bataille est fort, bien lo véez.

Par devers noz en est li noals allez.
Ge cornerai se vos bien le volez. »
Dist Oliviers : « Vos en serez blasmez.
Vostre lignage en sera meins amez.
Quant jel vos dis, se li cors fu sonez
Charlles fust ci et ses riches barnez.
Marsilions ne fust ja si ousez
Qu'encontre lui éust paiens mandez [1].
Mais par ma barbe que vos ici véez,
Se pui venir el reigne où fuī nez,
Ma seror Aude jamais ne la vesrez
Entre ses bras nule foiz ne gisrez.

Li cons Rollant o la chiere hardie
Oit Olivier qui si le contralie,
Molt doucement li dist et si li prie :
« Sire compeing, por Deu lo fil Marie,
Vos me portez iror et felonie. »
Dist Olivers : « Bien l'avez deservie.
Mex valt mesure que ne valt estoutie [2]. . . . » (Man. 254.)

Les mêmes différences se remarquent entre les deux manuscrits jusqu'à la fin du morceau (p. 23, v. 9).

Bien connoissez quex est li siens semblant.
Rollans est moult et cointes et puissant
Et fel et fiers, orgoillous et prisans.
Ja prist-il nobles sans le vostre comant.
Li Sarrazin s'enfuīrent as champs.
Il les ocist à s'espée tranchant.
Là nouz mena par les prés verdoians. (Man. 7227.)
Après un lievre est tote jor cornant (Man. 254.)

[1] Les quatre derniers vers anticipent assez mal-à-propos sur les idées qui vont être exprimées dans le couplet suivant. Le manuscrit 254, d'où ils sont tirés, est celui qui présente le plus souvent des exemples de ces développemens à contre-sens.

[2] Étourderie.

Chevauche, rois, ne te va délaiant.
Terre de France qui tant parest vaillans
Loins est encore ne te va detraiant.
Vouz n'i serez en piece sejornant. (Man. 7227.)

Il nous semble que la confusion qui règne dans tout ce pe-
tit épisode de *Noble*, doit provenir plutôt d'un manque de
mémoire que de la faute d'un rédacteur ou d'un copiste; ce
qui indiquerait des chants populaires transcrits de mémoire,
et non une rédaction primitivement écrite.

(Page 25.)

Ici Roland, au lieu de parler aux barons qui restent encore
en vie, s'adresse au contraire aux morts :

« Seignor baron, de vos ait Dex mercis.
Totes vos armes metra en paradis,
O les apostres et ses autres amis. » (Man. 254.)

(Page 25, v. 0.)

Si com le porc s'enfuit devant le chien,
Devant Rollant s'enfuient li paien.
Dist l'arcivesque : « Assez lo faites bien.
Chevalier tel valor avoir deverien,
Qui armes portent et ont cheval si bien.
En grant bataille contenir se doit bien,
O altrement certes nel prise l'en[1].
De soi vengier ne se fouigne rien. »
Iloc ont pris un itel hardimen.
Rollans respont : « Freres, n'ies paien. »
A icest mot ferent comunalment. (Man. 254.)

(Page 26, v. 1.)

Cette citation ne se trouve pas dans le manuscrit 254.

---

[1] *En* pour *on.*

(Page 26, v. 4.)

Quant Rollans voit la contredite gent
Qui plus est noire que n'en est arement.
Ne n'ont de blanc fors les dens solement.
Ce dist li cons : « Or sa ge veraiement,
Car nos morons par le mien escient,
Mais huni soit qui primes ne se vent. » (Man. 254.)

(Page 27.)

Tout le récit de la mort d'Olivier et de Garnier, et ensuite celui de la mort de Turpin et de Roland, est complétement différent dans les deux manuscrits : ce sont deux rédactions à part. Nous avons suivi presque en tout le manuscrit 7227 : le texte du manuscrit 254 lui est inférieur de beaucoup, et semble en général n'être qu'une paraphrase du premier, malgré un petit nombre de passages qui ne manquent pas de beauté.

Le fond même du récit diffère dans deux circonstances importantes :

1° Dans le manuscrit 254, Roland finit par perdre son épée en la jetant dans une fontaine dont les eaux sont empoisonnées, circonstance qui n'est pas mentionnée dans le manuscrit 7227 : nous l'avons insérée dans notre texte. Durandal n'est point un des moindres *personnages* du roman de Roncevaux ; il fallait bien faire connaître sa destinée définitive. Du reste, le silence complet gardé par le manuscrit 7227 convient fort à un recueil de chants populaires détachés, et l'on a vu que nous penchions pour cette hypothèse;

2° Il n'est point fait mention, dans le manuscrit 254, de ce gant jeté à Dieu pour requérir justice.

Nous citerons deux vers singuliers que nous n'avons pu admettre dans le texte préféré du manuscrit 7227. Turpin les adresse à Roland, au moment de sa mort :

En paradis ò sunt li ausmonier [1]
Sunt li lit fait ò noz devons chocier [2].

Nous remarquerons enfin que Gautier est appelé Gautier de Hui dans le manuscrit 7227, et Gautier de Luz dans le manuscrit 254.

(Page 46.)

Puis sunt coru à lor mahomerie,

Apolin trovent et Mahom qui brunie.

De l'or d'Espeigne fu l'image plastrie.

« Hé! mauvais Dex, fait la gent barbarine,

Com nostre loi est hui abastardie !

Dahaiz ait Deux qui ne muit ne me prie.

Per vos est hui nostre gent si onie.

Ainc par vos n'orent ne force ne aïe.

Li christien qui ne vos aiment mie

Sunt en Espeigne, par force l'ont saisie. »

Marsiles prist un grant baston d'alie,

Tervagan fiert quan qu'il poet lez l'oïe.

Li ors quassa et la teste est croissie,

A terre chiet, mais ne s'en garde mie

Uns rois païens qui est d'Esclavonie.

Tervagan chiet sor lui à une hie , &c. (Man. 254.)

Il y a encore onze vers sur cette mésaventure du roi païen.

(Pages 47 à 51).

Il n'est nullement question, dans le manuscrit 524, d'un combat autour des corps de Roland et d'Olivier. Le discours de Baligant y manque aussi ; enfin la défaite des païens n'y est décidée qu'après la mort de Baligant, tandis que, dans le n° 7227, ce n'est qu'après la déroute des siens que Baligant,

1 Les hommes qui ont fait des aumônes.
2 Coucher. C'est sans doute une faute de copiste, pour cochier.

dans l'excès de son désespoir, ose en venir à un combat sin-
gulier avec le grand empereur des Francs.

Les deux vers cités (p. 49) ne se trouvent point dans le
manuscrit 7227.

Quant au combat de Charlemagne et de Roland, c'est le texte
du manuscrit 254 qui, contre l'ordinaire, m'a paru préférable.

> Baligans fu de moult très grant vertu.
> Ferir va Karlles desor son elme agu
> Que flors et pierres en a jus abatus. (Man. 7227.)
> Tresqu'es chevals li est li brans corus (Man. 254.)
> Prinst de sa char bien plainne paume ou plus
> Iluec remest li os tout nu à nu
> Mais Deu ne plot qu'il onques vaintus fust.
> Sains Gabriel est repairiez à lui,
> Qui li a dit : « Hé ! Karlles, que fais-tu ? »
>
> Charlles oï la sainte voix de l'angre
> Qui li dist : « Karlles, n'ayez de mort doutance.
> Lors li revinst vertus et remembrance.
> Fiert Baligant de l'espée qui tranche,
> Fent lui la teste, fait la cervelle espandre ;
> Toute lui tranche jusqu'en la barbe blanche,
> Que mort l'abat. Iluec sans ramanance
> Monjoie escrie por sa reconnaissance.
> A icest mot i est venuz dus Naymes. (Man. 7227.)
> Li paien tornent, car il sont en balance. (Man. 254.)
> Or ont Fransois tout ce que il demandent. (Man. 7227.)

(Page 51, v. 6.)

> Granz fu li dox la nuit en Rencevax.
> Il n'i fist joie ne cheveluz ne chax.
> Ne n'i menja palefrois ne chivax,
> S'erbe sanglante ne pot par ces terrax. (Man. 254.)

(Page 53.)

> Moult fu bele Aude com elle fu vestie.

Soz ciel n'a rose qui tant soit coulorie,
Qui à sa face ne fust toute amatie.

(Suivent quelques vers qui n'ont pas de correspondans
dans l'autre texte.)

Lors l'a Guibors ens el palais menée,
La sale en fu trestoute enluminée.

(Page 54, v. 4.)

Les deux textes sont semblables à très-peu de chose près;
seulement le manuscrit 7227 ne contient pas les vers 6
et 7.

(Page 55, v. 11.)

Li cuers li part, n'i ot longe durée.
Entr'als s'en est l'arme del cors sevrée.
Devant Jhesu l'en ont là sus portée.
Li rois.... (Man. 254.)

Le reste est semblable dans les deux manuscrits.

(Page 56.)

Vers le milieu du combat entre Thierry et Pinabel, le ma-
nuscrit 254 est écrit en vers alexandrins, et continue dans le
même rhythme presque jusqu'au supplice de Ganelon. Nous
préférons, comme à l'ordinaire, le texte du manuscrit 7227,
qui continue à être écrit en vers de dix syllabes.

(Page 57. *Supplice de Ganelon.*)

Li baron s'entornerent, li rois l'ot comandé.
Si ont fors de la tor Guenelon amené.
Grant ot la forcheüre et le cors ben formé.
Gros fu par les epaules, graile par le baldré.
Mult i avoit bel hom, si l'ont mot esgardé.
Mar i fu sa faiture quant il ne vint à gré.
Quant lo vit l'empereres, si a des els ploré :
« Fel Guenes, dist li rois, mot par m'as adolé
Ma seror te donai par bone volunté
Et tu m'en as rendu par mauvaise bonté. »

— « Sire, ce dist li traitre, malement ai ovré ;
Per moi fu mort Rollans, ne puet estre celé.
Baron, se jel vos di, n'en doi estre blasmé,
Sor moi mist le message contre ma volunté.
A Marsille en alai o d'enviz o de gré.
Mais Rollans volsist ben qu'il m'éust demembré. »

« Baron, dist l'empereres, totez lo devant moi.
Je ne puis escouter la merveille que j'oi.
De vergogne tressue quant de mes els le voi,
Car onques vers seignor, n'envers Deu non ot foi.
Il traï mes barons, onques ne sot por coi.
Or et argent en prist. Si fist mot grant besloi.
Altresi fist Judas, ce sa ge bien et croi.
Son compeignon vendi as judex de la loi.
Il reconut son tort, si se pendit per soi.
Ahi ! beax niez Rollant, quel damage ai de toi !
Et des altres barons qui erent de ta foi.
Del service Deu faire estoient en effroi. »
Lors dist à ses barons : « Sa parole a desroi
Des quel mort doit morir, baron, jugez le moi.

« Seignor, ce dist li rois, por Deu vos vel proier,
De la plus aspre mort que vos sarez juger,
Lo me faites morir. Je ne vel plus targer. »
Après le roi parla danz Girarz au vis fier,
Li sire de Vienne qui fui oncle Olivier :
« Per ma foi, empereres, ben vos fai conseillier.
Mot sunt longes vos terres, et larges por chacher. . . .
Et puis mener à pié com un ors liémer
Et batre de coriges por son cors angoiser,
Et quant venra lo soir qu'il devra herbergier
Un des membres li faites à l'ostel ostajer,
Per un et un li faites chascune noit trencher.
Por l'escot qu'il devra si li faites laïsser. »
— « Baron, dist l'empereres, ci a jugement fier,
Mais je ne le vel pas si longes respiter.

Tant com il vivra ne quit jamais menger.
Car trestoz mes amis vel de son cors vengier. »

« Par ma foi, empereres, dist Bove al cor vaillant,
Je vos enseignerai un juise pesant.
Comandez à vos hom tost et isnelement,
De verz albes-espines a faire un feu ardent
Puis i faites geter le gloton sosduiant,
Et environ lui soient trestot votre serjant. »
— « Per ma foi, dist li rois, ci a mot fort tormant
Et l'arme en partira par merveilloz sanblant,
Icestui prendrons nos, se ne trovons plus grant. »

« Par ma foi, empereres, dist li cons Salemons,
Uns plus aspres juise partens vos eslerons.
Or faites jejuner tres ors et deus lions.
Al tert jor si lor soit delivrez lo glotons.
Toz nuz soit despoillez ses cors et sa fazons.
Lorz ert fait de son cors si grant destrucions.
Devorer lo vesroiz par mil devisions.
Ne remanra entiers cuirs, ne os, ne brohons.
Car ainsi doit-on faire de ces traitor felons. »
— « Seignor, ce dist li rois, ce me semble raisons,
Mais je n'ai pas corage que plus lo respitons. »

Aprez parla Ogier li bers al cor vasal :
« Fere destrucion vus sai del desloial.
Sire, faites lo metre en cele tor aval
Ne jor ne nuit n'i ait solauz ne nul ostal,
Fors que sor la vermine qui istra del terral.
Tot environ son cors ben ert parti igal.
Ja n'i menjust de pain par nul home carnal.
Quant venra al tert jor, asez i aura mal.
Toz i mosra de feim. Sofrira grant traval.
Lors le ferois fors traire el palais principal.
Se li aparoit on le mengier comunal,
Si soit ben conréez et de poivre et de sal
Ne ja ne vin ne aive n'i ait que plein meral.

Donques mosra de soi et d'angoisse mortal,
Ensi com fist Rollans lo quens en Ronceval. »
— « A ! Dex, ce dist li rois, quel esgart de vasal,
Mais je nel vel oimais que je li prist ostal. »

« Droiz emperere, dist Neimes li Baver,
    Un fier joïse vos sai à enseigner.
    Faites lo, sire, trestot vif eschorcer,
Et lo cuir en ale pendre, lo cors a solel ler.
De mel le faites oindre et devant et derier.
Après lo faites, sire, à set chievres leschier.
Lors le verrez destroit et forment fresceller,
Et por la grant angoisse tos les Deuz requigner.
Ja de plus aspre mort nel poez justicier. »
    — « Per foi, dist Karlles, bien fait à otrier;
Icestui ferons nos, si no trovons plus fers. »
    — « Droiz emperere, dist li cons Otoier
    Ja ne ce mie cor seinz a deviser,
    Se faites ce que vos sai enseigner.
    Nus hom de char ne poet mex deviser.
    Icil traitor me faites amener,
    Quatre chivaus m'i faites anseler
    Les plus corans que l'on posra trover
    Et par desus un pautoner monter.
    Portent correges por lor mex effréer.
    Les poinz li faites et lier et serer
    Et puis as coes des chevaus bien noer.
    Lors vesrez vos son cors tot dessirer. »
    — « Certes, dist Karrlles, nel doit-on refuser
Jà ert ciz faiz compliz sans demorer. »

« Seignor, dist Karlles, franc chevalier loial,
Li jugement soient tot parigal,
Cestui prendrons, car je n'i vois plus mal.
Or i pasra qui a tirant chival.
Alez monter, mi duc et mi vasal,
Issons nos en, là fors en cet igal.

Se li ferons son juise mortal. (Man. 254.)
Et verront dou felon le baptistal. » (Man. 7227.)
Guenelon prennent prevost et seneschal ,
Fors de la vile le menent comunal.

Li baron montent, si ont le cri levé,
Karlles meïsme, sor un mulet monté,
Et li borjois qui mot l'ont desiré.
Chascuns fait joie (les dames à lor tré)
De la vengeance lor seigneur naturé.
Guenelon ont de la vile jeté
Fors de la presse, en sunt à val alé.
Iloques sunt li cheval apresté
Per cele marche que Ganes ot achevé.
Sor chascun ot un pautoner monté ,
Lo traïtor ont as coes bien noé ,
Mot durement et lié et serré ,
Li pautoner furent tot enragé
Chascuns fiert bien son cheval abrivé
Trestot ont Guene destruit et devoré
En poi de terme l'ont tot decipliné.
A la persone li ont toz escrié :
« Cuvers traitor , or avez comparé
La traïson que vos avez mené,
La male foi que vos avez porté,
As douze pers que mort furent geté.
Et par le mal que vus avez pensé
Sera plus vil tot vostre parenté.
Tex n'en sot mot qui en a plus ploré. »

« Baron, dist Karlles, or ai quant que je voil.
Quant cel ai mort qui m'a tolu l'orgoil. (Man. 7227.)
Rollant le comte par che repousser suel
Les douze pers a mis en mal esuel. (Man. 254.)
Poi tant c'on vive nes verront mais mi oil.
J'ai laissié la columbe et l'escharboucle à foil,
Bien le puet on véoir jusques el val de Doil. » (Man. 7227.)

NOTE II.

Je cite ici, pour servir de point de comparaison, le plus beau morceau de la chronique de Turpin : c'est aussi celui qui suit de plus près le récit de notre roman. J'ai préféré citer la traduction française contenue dans les chroniques de Saint-Denis, traduction assez exacte, et de beaucoup préférable au mauvais latin du texte :

« En ce point estoient parmi le bois Baudouins et Tierris, et aucun autre chretien, qui se reposoient pour la paour des Sarrazins ; et Kallemaine et ses os [1] passoit les pors, qui encore ne savoient riens de l'occision qui en Raincevaus avoit esté. Lors repaira Rollans tous seus parmi le champ de la bataille las et travalliez des grans coux qu'il avoit donnez et recéus : et angoiseux et trenchiez, grant dolour demenant s'en vint en tel maniere parmi le bois jusque au pié de la montaigne de Cisaire, et descendi de son cheval desous un arbre delez un grant perron de marbre, qui illuec estoit dreciez en un moult biau pré au dessus de là Raincevaus. Si tenoit encore Durandal s'espée (si vaut autant à dire comme : *Donne grant cop, ou fier durement Sarrazins* [2].) S'espée estoit esprouvée sur toutes autres, clere et resplandissans, et de bele façon, trenchans et afilée si fort, que elle ne pooit ne fraindre ni brisier. Si fine estoit, que avant fausist bras que espée. Quant il l'eut grant piece [3] tenue et regardée, il la commença à regreter aussi comme en plorant, et dist en tel maniere : « O espée très bele, claire et resplandissans, que il ne convient pas

---

[1] Son ost, son armée.

[2] Le latin dit seulement : *durus ictus.* Ed. Rauber. La phrase suivante manque dans le même.

[3] Long-temps.

fourbir aussi comme autres, de belle grandeur et d'avenant besche [1], fort et ferme sans nule maumaisture, blanche comme uns yvoires par l'enhendure [2], entreseignie de crois d'or resplandissans, armée de poumiau de berill, sacrée et benéoite des lettres du saint non Nostre Seigneur, α et ω [3], et avironnée de la force Nostre Seignour Jhesu-Crist. Qui usera plus de ta bonté? qui t'aura? qui te tendra? Cils qui te portera ne sera ja vaincus ne esbahis, ne ja paour n'aura de ses anemis, ne ne sera sorpris ne decéus par fantassies ne par illusions; mais toujours aura en s'aide la divine vertu. Par toi sont Sarrazins destruiz, et gens mescreans vaincu, la foi chrestienne essaucie, la loenge de Dieu mouteploiée et aquise. O tantes fois ai vengé par toi le sanc Nostre Seignour Jhesu-Crist! O quans milliers anemis ai occis par toi, tans Sarrazins et Juis et autres anemis de la crois destruiz! La justice de Dieu est par toi soustenue et emplie: les piés et les mains accoutumés à aler à larrechin sont par toi du cors errachiés. Autant de fois comme j ai par toi ocis ou Sarrazins ou desloiaus Juis, autant de fois cui-je avoir vengié le sanc Jhesu-Crist. O espée benourée, en trenchant et en aiguisece très isnele, et a qui ne fut ainques, ne jamais ne sera resamblable, cil qui te forja ne avant ne après n'en put faire une autele : qui de toi fu navrez ne pot onques puis vivre. Je ai trop grant duel se mauvais chevaliers perrecheux t'a après moi. Je ai trop grant doleur, se Sarrazins ou autres mescreans te tient et te manie après ma mort.

« Quant il ot ainsi s'espée regretée, il la leva contremont, et en feri trois merveilleux cox ou perron de marbre qui devant lui estoit; car il la cuidoit brisier, parce que il avoit paour que elle ne venist ès mains des Sarrazins. Que vous conteroit-on plus? Li perrons fu coupez d'amont jusques en terre, et

---

1 Largeur.
2 Poignée.
3 Manque dans Rauber.

l'espée demoura saine et sans nule briseure : et quant il vit
que il ne la porroit depecier en nule maniere, si fu trop do-
lans [1].

« Son cor d'yvoire mist à sa bouche, et commença à corner
par si grant force cómme il pot plus, savoir mon se aucun des
crestiens, qui au bois s'estoient repost pour la paour des Sara-
zins qui s'enfuioient. Lors sonna l'olifant par si grant vertu,
que il le fendi par mi par la force du vent qui issi de sa bou-
che, et li rompirent li nerf et les vaines du col. Li sons et la vois
du cor alla jusques aus orilles Kallemaine (par le conduit de
l'angle), qui ja s'estoit logiez en une valée qui jusques aujour-
dui est apelée li vaus Kallemaine : einsi estoit loing de Rollant
entour VIII miles envers Gascoigne. Tantost comme Kalle-
maine oy le son du cor Rollant, il vout retourner, comme cils
qui bien entendoit à la vois de l'olifant que il avoit mestier
d'aide : mais li faus Ganelons qui la traïson avoit pourparlée,
et bien estoit consachables de la mort Rollant, li dist : « Sire,
ne retournez pas arrieres pour doute que vous aiez de Rol-
lant ; car il a de coutume que il sonne volentiers pour poi de
chose. Sachiez que il n'a mestier de vostre aide ; ains vait
orendroit chasçant et cornant après aucune beste parmi ce
bois. » O desloyal trichierres ! ô li consell Guenelon, qui bien
doit estre comparez à la traïson Judas. »

(D. Bouquet, t. v, p. 303.)

Nous citerons encore de Turpin une histoire fort naïve,
qui montre parfaitement dans quel esprit cette chronique a été
composée :

« Un jour avint en la cité de Viane [2] où je demouroie, que

---

[1] Un peu paraphrasé.

[2] La ville de Vienne est singulièrement choisie pour un archevêque de Reims.
On pourrait croire que c'est un aveu. Le latin (texte de Rauber) est au reste un
peu différent. « *Cùm igitur apud Viennam in ecclesia, ante altare die quâdam raptus
in ectasi, precibus insisterem, psalmúmque Deus in adjutorium meum cantarem.* »

je avoie chanté messe de requiem pour les féaux Dieu, et disoie siaume du sautier que je avoie acoustumé à dire après la messe, je vi une legion de deables trespassans soudainement par devant moi[1], je en apelai un qui aloit derriere[2], et le conjurai par la vertu Dieu que il me deist où il aloient : et il me respondi que il aloient à la mort Kallemaine, qui en cele heure devoit morir[3]. Je n'oi pas pardit le siaume que je avoie commencié, que je les vis retourner et passer par devant mon siege ; je demandai au darrenier à qui je avoie devant parlé, que il avoient fait ; et il me respondi que un Galiciens sans chief decolez avoit là tant mis de fus et de pierres de moustiers en la balance, les aumosnes et li bienfait que il avoit fait peserent plus que li mal, et pour ceste chose leur avoient li angle l'ame tollue et l'avoient mise en la main au souverain Roi. Quant li deables ot ce ce dist, il s'esvanoui tantost. »

(D. Bouquet, t. v, p. 320.)

[1] *Versùs Lotharingiam.* (Rauber.)
[2] *Æthiopi consimilem.* (Ibid.)
[3] *Ut ejus spiritum ad tartara rapiamus.* (Ibid.)

NOTE III.

Il existe en espagnol, sur le cycle carlovingien, outre deux poèmes du XVIe siècle, sur Bernard de Carpio, un assez grand nombre de romances populaires. (Voyez entre autres, dans le *Cancionero de romances,* la romance du comte Dirlos, p. 6, de 7 ou 800 vers ; celle de don Gayferos, p. 55 ; du maure Calaynos, p. 93 ; du comte Guarinos, p. 101 ; le Pélerin de Mérida, p. 172 ; l'Infant vengeur, p. 187, où Charlemagne est représenté avec les attributs d'un *justiza* d'Aragon.) Voici un morceau fort ancien qui est peut-être un monument de cette poésie populaire espagnole : c'est le récit de la bataille de Tours, extrait d'une chronique espagnole contemporaine en style poétique, et qui semble un chant populaire légèrement altéré [1]. Quand même on ne le considérerait que comme un texte historique, il serait toujours fort important pour l'histoire de la tradition carlovingienne ; c'est le seul passage qui nous donne des détails sur les combats des Germains et des Arabes d'Espagne :

« Abdirraman multitudine sui exercitûs repletam prospiciens terram, — montana Vaceorum disecans, — et fretosa et plana percalcans, — trans Francorum [2] intus experditat [3], — atque adeò eas penetrando gladio verberat, — ut prælium [4] ab Eudone, — ultra fluvios nomine — Garona vel Dordonia præparato, — et in fugam dilapso, — solus Deus numerum

---

[1] La bataille de Tours fut livrée en 732 ; Isidore de Béja, l'auteur de cette chronique, est mort en 754. — *Phrases barbares, et qui semblent destinées à être chantées ,* dit M. de Sismondi, Hist. des Fr. , t. II, p. 130. — Cf. le chant des soldats de l'empereur Louis II, écrit deux siècles après, en latin barbare. (Histoire des littérat. du Midi, par M. de Sismondi.)

[2] *Supple* terras. — [3] *Devastat.*

[4] *Prælium* doit s'accorder avec les deux ablatifs *præparato* et *dilapso.*

morientium vel pereuntium recognoscat. — Tunc Abdirraman [suprafatum] Eudonem ducem, — insequens dum Turocensem [1] — ecclesiam palatia diruendo, — et ecclesias ustulando, — deprædari desiderat — cum consule Franciæ — interioris Austriæ, — nomine Carolum, virum — ab ineunte ætate belligerum, — et rei militaris expertum, — ab Eudone præmonitum, — sese infrontat.

» Ubi dum penè perseptem dies — utrique de pugnæ excruciant, — sese postremò in aciem parant, — gentes septentrionales, — in ictu oculi ut paries, — immobiles permanentes, — sicut et zonâ rigoris glacialiter manent adstricti, Arabes gladio enecant. — Sed ubi gens Austria molle [2] membrorum prævalida, — et ferra manu perardua — ferientes pectorabiliter [3] — regem inventum exanimant, — statim nocte prælio dirimente, despicabiliter — gladios elevant. — Atque in alio die [4] videntes castra — Arabum innumerabilia — ad pugnam sese reservant: — et exsurgentes è vagina sua, — diluculo prospiciunt Europenses Arabum — tentoria ordinata — et tabernaculorum — ubi fuerant castra locata, — nescientes cuncta esse pervacua, — et putantes ab intimo, Saracenorum — phalanges præparatas ad prælium. — Mittentes exploratorum officia, — cuncta repererunt Smaelitarum effugata. — Quique omnes [5] tacitè pernoctando, — cum eos strictò diffugiunt repatriando [6]. — Europenses verò, solliciti ne, per semitas delitescentes aliquas, — facerent simulanter celatas, — undique stupefacti in circuitu — sese frustrare capitant, — et qui ad persequentes gentes — memoratæ nullo modo vigilant, — spolias tantùm et manubias — decenter divisas, — in suas se læti recipiunt patrias. »

---

[1] *Turonensem.* — [2] *Mole.* — [3] C'est-à-dire, *in pectus.* — [4] Le lendemain.

[5] *Quisque omnis*, chacun. Il s'agit des Arabes.

[6] Repairant (*repatriando*) rapidement (*strictò* est le même mot que *strictim*, en peu de mots) chez eux. (*Cum* se dit pour *apud. Cum rege*, pour *apud regem.*)

EXAMEN CRITIQUE

DE LA

DISSERTATION

SUR

Le Roman de Roncevaux.

Tiré à cent exemplaires.

EXAMEN CRITIQUE

DE LA

DISSERTATION DE M. HENRI MONIN

SUR

Le Roman de Roncevaux

PAR FRANCISQUE MICHEL.

PARIS.

CHEZ SILVESTRE, LIBRAIRE,

RUE DES BONS-ENFANS, N° 30.

—

1832.

—

DISSERTATION

SUR LE ROMAN DE RONCEVAUX,

PAR H. MONIN,
Élève de l'École normale (1).

—

L'étude des monumens de notre ancienne littérature se poursuit avec ardeur. La vieille Université elle-même, renonçant, pour la première fois, à ses banalités grecques et latines, a permis à l'un de ses fils de porter des regards investigateurs sur un roman du cycle de Charlemagne. C'est un progrès immense et qui mérite d'être remarqué.

On sait quelle était la renommée de Roland et de la bataille de Roncevaux dans toute l'Europe pendant tout le moyen âge. Il existe sur ce sujet un roman fort curieux, d'environ 8000 vers, intitulé *li Romans de Roncisvals*. C'est cet ouvrage dont M. H. Monin essaie de donner une idée, au moyen d'une analyse détaillée et de quelques longues citations, et qu'il examine ensuite, tant en lui-même que dans ses rapports avec l'histoire.

Voici le canevas de ce roman:

> *Charlles, li rois à la barbe grifaigne*
> *Six ans toz plenz a esté en Espaigne;*

il l'a conquise toute entière excepté Saragosse que tient Marsile qui *Mahomet sert*. Ce roi, épouvanté de son isolement au milieu de l'Espagne conquise, demande conseil à ses *barons*. Aucun d'eux ne sait quel parti il faut prendre; enfin Blankardin, le plus sage *baron* de Marsile se lève, et lui conseille d'envoyer à Charlemagne un ambassadeur avec divers présens pour engager cet empereur à se retirer d'Espagne; « Si ce

---

(1) Paris, imprimé par autorisation du Roi à l'Imprimerie Royale. MDCCCXXXII, un volume in-8° de huit feuilles et demie.

chrétien veut des ôtages, ajoute-t-il, envoyez-lui-en quinze
ou vingt, parmi lesquels je m'engage à mettre mon fils ; s'il les
fait décapiter, le malheur sera moins grand que si nous per-
dions l'Espagne. » La proposition de Blankardin est agréée. Il
est envoyé à Charlemagne avec neuf collègues, *qui sage sunt
des lois*. Blankardin trouve à Cordoue l'empereur et son armée.
Le conseil des barons est rassemblé; Blankardin fait ses pro-
positions, Charlemagne fait les siennes; il n'y a plus qu'à
renvoyer un ambassadeur au roi Marsile.

Mais bien des ambassadeurs ont été envoyés à ce roi, et tous
ont été tués par ce traître païen. Alors, au milieu d'un silence
solennel, les *preux* se lèvent et demandent à être envoyés.
Roland propose Ganelon de Mayence, second mari de sa mère.
Les Français applaudissent à ce choix; Mais Ganelon, rédou-
tant la mort, est furieux contre Roland et jure de s'en ven-
ger. Il part, contraint par les menaces terribles de son empe-
reur. En route, il est questionné par Blankardin qui rapporte
à Marsile tout ce qu'il en a pu tirer. Celui-ci, à l'arrivée de
Ganelon à Saragosse, se sert de sa haine contre Roland, de
son amour pour les richesses, de sa crainte de la mort, pour
le décider à une infâme trahison. L'ambassadeur infidèle en-
seigne à Marsile comment il pourra faire périr sans danger
Roland et les autres pairs : il n'a qu'à attaquer l'arrière-garde
des Français au passage des Pyrénées. Les douze pairs ne
peuvent manquer de s'y trouver : une fois que Charlemagne
les aura perdus, sa puissance sera détruite à jamais. Le traître
part chargé des présens de Marsile et des *barons* sarrasins;
arrivé auprès de l'empereur, il lui annonce que Marsile ac-
cepte ses conditions, et il lui amène vingt ôtages. Alors Char-
lemagne reprend sa route vers la France. Roland, malgré de
sinistres pressentimens, commande l'arrière-garde composée
de vingt mille hommes d'élite; il a sous lui les plus braves
guerriers de l'armée de son oncle, Olivier, Turpin, Gar-
nier, etc.

Le lendemain fut le jour de la bataille de Roncevaux. Au
moment où elle va commencer, Olivier propose à Roland de
sonner de son fameux cor d'ivoire, pour être secouru par
Charlemagne. Roland s'y refuse avec indignation. Bientôt après
commence un terrible combat dans lequel le neveu et le frère
de Marsile sont tués ainsi qu'un roi de Barbarie; cependant,
malgré leurs beaux faits d'armes, les Français sont accablés

par le nombre. Roland alors se décide à sonner du cor ; mais Olivier lui répond ironiquement qu'il ne le veut pas. Enfin, ils sont d'accord et Roland sonne avec une telle force qu'il se fait entendre à quinze lieues de là. Charlemagne, sourd aux raisonnemens de Ganelon qui cherche à l'en détourner, s'élance au secours de son arrière-garde ; mais il arrive trop tard : Roland, Olivier, Turpin, Garnier et tous leurs soldats sont morts.

Marsile, revenu à Saragosse, privé d'un bras par Roland, appelle à son secours Baligant, émir du grand Caire. Il se livre une seconde bataille de Roncevaux où les Chrétiens sont vainqueurs ; Saragosse est prise.

Le roman est terminé par le récit du supplice de Ganelon, qui est tiré à quatre chevaux.

Venons maintenant à l'examen du texte des citations et des notes qui l'accompagnent.

Pag. 4, lig. 13. M. Monin traduit ainsi le vers 3 de cette page : « Il ne trouve bourg ni château qui ne s'en lamente. » C'est une erreur. Le *qu'il n'enplagne* du texte signifie *qu'il n'aplanisse*.

Pag. 7, vers 2. *Par celle barbe dont li poils est ferans.* Ce dernier mot peut signifier *pommelé*, ainsi que le dit Du Cange dans son Glossaire, au mot *Ferrandus* ; il peut encore vouloir dire *gris*, comme le marque M. de Roquefort dans le sien, tome 1, page 590, col. 1, mais je ne pense pas qu'il doive être pris pour le mot latin *feriens*, frappant, piquant.

Pag. 9, vers 2. Otez le guillemet final, ainsi que celui qui précède le vers 3 et placez-en un à la fin de ce dernier vers que M. Monin n'a pas compris. Car il signifie non pas que Charlemagne sortira d'Espagne en *fanfaron* ou en *vaurien*, mais bien qu'*il ne sortira d'ici* (d'Espagne) *que* pour aller *dans le royaume de Baligant* (l'Égypte). Mettez deux points et un guillemet initial au milieu du vers 4, et terminez-le par un point d'interrogation. Même page, vers 5, *nès* ne signifie pas *même*, mais *pas même*.

Pag. 11, vers 12. *Fiez* signifie *fiefs* et non *fidélité*.

Pag. 19, vers 4. *Sel*, lisez *s'el*. Cette faute se trouve dans toutes les citations de M. Monin. De même lisez *j'el* au vers 12 de cette page ainsi que dans toutes les autres où ce mot se trouve.

Pag. 29, vers 6, note 2. Aux passages tirés de la Chronique de Turpin et du *Roman du comte de Poitiers* (1), on peut ajouter celui-ci qui se trouve dans *les Enfances Ogier*, par le roi Adam :

> Celui jour n'a pas Ogiers séjorné,
> En son poing tint le branc d'acier *letré*.

[Manuscrit de la Bibliothèque Royale, n° 7548-3, fol. **xxiii**, r°, vers 14 (2).]
et celui-là qu'on lit dans le *Roman du Renard :*

> Del fore tret le branc *letré*.

(Tome **iii**, page 284, en note.)

Pag. 29, vers 8. L'expression *gremmez à or* qui est ici. appliquée à un heaume, semble signifier *couvert d'inscriptions* ou *d'arabesques d'or* (γραμμα) et non *incrusté d'or*.

Pag. 33, vers 21 et 22. *Nes* et *ges,* lisez *n'es* et *g'es.* Même observation pour un des mêmes mots dans l'antépénultième vers de la page 110.

Pag. 33, vers 24 et 25; pag. 34, vers 1 et 2.

> Tant i trouvasmes Sarrazins et Persans,
> Tors et Hermins, Arrabis et Jahans,
> Et Esclavons et les Amendians
> Et ceux de Lude et tous Augoulans.

En citant ces vers, M. Monin les accompagne de notes dans lesquelles il nous dit qu'*Hermins* signifie *Arméniens*, ce qui est vrai, et que *Jahans, Amendians, Augoulans* sont des noms de peuples, imaginés sans doute par les romanciers, ce qui me parait peu probable. Les romanciers, tout ignorans qu'ils étaient d'histoire et de géographie (3), donnaient, quoique indistinctement aux infidèles qu'ils supposaient avoir été

---

(1) Ce joli roman a été publié en 1831, par le libraire Silvestre, en un volume in-8°, tiré à cent vingt-cinq exemplaires, numérotés à la presse.

(2) Voyez aussi fol. **xxxiii**, r°, vers 19, fol. **liiii**, r°, vers 3, fol. **lvii**, r°, vers 1, fol. **lxxvii**, r°, vers 16, et v°, vers 7, etc.

(3) Ceci n'a nullement besoin d'être prouvé. Cependant nous ne pouvons nous empêcher de citer pour exemple deux vers du *Roman*

vaincus par les héros de leurs poëmes, les noms que la tradition
avait conservés, ou que les Croisés citaient dans le récit des
guerres d'outre-mer. C'était un moyen sûr pour faire impres-
sion sur leurs lecteurs ou auditeurs, et nos vieux rimeurs n'a-
vaient garde de le négliger. Ceci posé, nous allons essayer de
déterminer la signification de quelques uns de ces noms.
Jahans veut dire ici, ou les sujets du Prêtre *Jehan*, ou les
Géants dont il est parlé dans le passage suivant que nous de-
mandons la permission de rapporter ici en entier, eu égard à
son importance : il est tiré de *li Jus de S. Nicolai*, par Jean
Bodel d'Arras, vers 225 (1) :

CONNARS (li crières.)

Oiiés, oiiés, oiés, signeur.
Oiés vo preu et vo honneur ;
Je fac le ban le roy d'Aufrike.
Que tout i viegnent, povre et rique,
Garni de leur armes par ban.
De le terre le Prestre *Jehan*
Ne remaigne jusques al Coinc (2).
D'Alixandre (3), de Babiloine (4)
Li Kenelieu, li Achopart (5),

---

de Vespasien aliàs *de la Prise de Jérusalem*. L'auteur y dit de
l'historien Josèphe que

    Il fu molt sages clers et cortois et sachans,

    Si seut très bien escrire et latin et romanc.

(Ms. de la Bibliothèque Royale, n° 7595, fol. CCCLXXXIIII, v°,
col. II, vers 23.)

(1) Manuscrit de la Bibliothèque Royale, fonds de La Vallière,
n° 81, *olim* 2736. M. Monmerqué fait actuellement imprimer ce
jeu à petit nombre pour la société des Bibliophiles français dont il
est l'un des membres les plus savans, comme l'un des plus actifs.
Les vers que nous citons commencent à la page 17 de cette édition.

(2) Iconium, ville de la Lycaonie, maintenant appelée *Konieh*,
et chef-lieu d'un pachalik de ce nom qui est situé dans la Turquie
asiatique entre Anatoli, Sivas, Merach, Adana et Itchil.

(3) Alexandrie, en Égypte.

(4) Le Caire.

(5) Peuple qu'Albert d'Aix nomme *Azopart*, et sur lequel il
donne de curieux détails dans son *Historia Hierosolimitanæ
expeditionis*, lib. VI et VII (*Gesta Dei per Francos*, tomus I,
p. 287, XLVI et p. 305, XXXIX, et *Bibliothèque des Croisades*,
par M. Michaud, partie 1, page 60.)

> Tout vegnent garni ceste part ,
> Et toute l'autre gent grifaigne.
> Séurs soit quiconques remaigne
> Que li rois le fera tuer.
> N'i a plus, or poés huer.

LI ROIS à Auberon.

> Diva ! ies-tu chaiens, Auberons, mes courlicus ?

AUBERONS.

> Sire, véés me chi , ne vous sui mie eskiex.

LI ROIS.

> Auberon , au bien courre soies entalentiex ,
> Va-moi partout semonre *Gaians* et Queneliex ,
> Etc.

Quant à *ceux de Lude* , qui ne sont peut - être autres que les *Lutis* , dont il est question dans plusieurs passages d'anciens romans , entr'autres dans ceux-ci :

> Ci vous lairons de Charlon au fier vis ,
> Si vous dirons de Turcs et d'Arrabis
> Et de Persans, d'Achopars , de *Lutis* ,
> Etc.

(*Les Enfances Ogier,* par Adenès , manuscrit de la Bibliothèque Royale , nº 7548-3 , fol. xv, vº.)

> Ainsi fu fait , com je ci vous devis.
> Arrière repaire l'ensaigne Saint-Denis ;
> Mais ains que Charles ait ses gens recueillis
> I ot tant mors de Turs et d'Arabis
> Et de Commains (1) , de Persans, de *Lutis*
> C'on péust estre dou véoir esbahis ,
> Etc.

(Id. ibid. fol. xxv, rº.)

---

(1) Comans , nation d'origine tartare, qui occupait , en 1200 , les contrées situées entre le Dnieper et le Danube. En 1250, les Comans furent chassés de leurs demeures par les Tartares, et les débris de la nation se réfugièrent en Hongrie, où il en existait encore des restes dans le XVe siècle.

On a ignoré , jusqu'à ces derniers temps, à quelle race appartenaient les Comans, et quel langage ils parlaient. Un vocabulaire latin, persan et coman, ayant été trouvé à Venise, dans la Bibliothèque du célèbre Pétrarque, M. Klaproth l'a publié dans le troisième volume de ses *Mémoires relatifs à l'Asie,* et il a été reconnu que les Comans parlaient un dialecte turc.

> A aus rassamblent et Persans et *Lutis*
> Et li Coumain et li Amoravis (1),
> Etc.

(Id. ibid. fol. xxxvi, r°. Vers 9.)

il est vraisemblable que ce sont les Lydiens (Λυδοί.) Nous sommes confirmés dans cette opinion par le passage suivant :

> N'onc ne la pot tenir Crésus ,
> Qu'el n'el tornast et jus et sus,
> Qui refu roi de toute *Lyde*.

(*Roman de la Rose*, édit. de Méon, t. II, p. 111, vers 6513.)

Nous n'avons pu , malgré toutes nos recherches, trouver quels étaient les véritables noms des peuples que l'auteur du *Roman de Roncevaux* appelle *Amendians* et *Augoulans*; mais nous le répétons, il nous paraît probable qu'ils n'ont pas plus été imaginés par les romanciers que ceux d'*Arabes*, de *Persans*, d'*Escler* (2), de *Wandres* (3), d'*Amoravis*, etc., qu'on rencontre à tout instant dans les romans du cycle carlovingien.

Pag. 34, vers 14. Otez la virgule qui partage ce vers.

Pag. 35, vers 15. Il eût peut-être été curieux de dire à propos de *Gautiers de Hui* dont il est question dans le *Roman*

---

(1)   Amis , dist-il , vienent dont Barbarin ,
         Turc et Persau et li *Amoravin*.

(*Roman d'Ogier*, par Raymbert de Paris , Ms. de la Vallière, n° 78, *olim* 2729.) *Amoravis* est évidemment une altération d'*Almoravides* (ou *Almorabits*, المرابطون) nom d'une famille de princes musulmans d'Afrique, qui , après avoir fondé l'empire de Marok, passèrent , à la fin du onzième siècle , en Espagne et l'occupèrent pendant quelque temps.

(2) Ce nom qui se trouve dans *les Enfances Ogier*, par Adenès, Ms. de la Bibliothèque Royale, n° 7548-3 , fol. 1, r°, vers 12 , fol. xvii, v°, vers 8, et fol. xxxix, v°, vers 25, etc., et dans le *Roman de Vespasien*, Ms. déjà cité, fol. ccclxxxi , v°, col. 1, vers 27, se lit aussi dans le *Roman de Mahomet* (Paris, Silvestre, 1831, in-8°, pag. 80), où il a donné lieu à une note curieuse.

(3) Vandales. Un auteur du XIIIe siècle les range parmi les Sarrasins : « une autre fois, (dit-il), que uns Vandres (che sunt gens Sarrasines) isclrent d'une des parties d'Aufrique , etc. » (*La Vie saint Nicholai*, Ms. de la Bibliothèque Royale, n° 7023, imprimée à la suite du *Jeu de saint Nicolas* déjà cité. *Voy.* pag. 258 de cette édition.)

de Roncevaux et qui est nommé dans ce vers, que Huy est un village dans le Condroz , sur la rive droite de la Meuse, célèbre par l'abbaye de *Neufmoutier* qu'y fonda Pierre l'Ermite à son retour de la Terre-Sainte , en 1102 , et où ses restes furent transportés en 1242.

Pag. 58 , vers 12 et pag. 107 , vers 29. A propos de *corgies*, *coriges , verges*, il eût été intéresant , ce me semble , de rechercher si *corriger quelqu'un* ne signifie pas , étymologiquement parlant , *frapper quelqu'un de verges* , plutôt que le *faire revenir à bien.*

Pag. 59 , vers 14. Remplacez par une virgule le point qui termine ce vers et traduisez le mot *fors* qui commence le vers suivant par *excepté.* Au reste cette erreur est réparée par la ponctuation du même passage dans les variantes , pag. 108.

La partie du volume qui suit cette analyse est consacrée à l'examen de plusieurs questions importantes sur ce roman en particulier et sur tous les romans du cycle carlovingien ; ce dont M. H. Monin s'acquitte avec beaucoup de science, d'esprit et de jugement. Cependant, nous releverons une faute légère qui s'est glissée dans cette dissertation d'ailleurs si riche de faits et d'observations neuves et intéressantes.

Pag. 74. Comme M. Paris (1) , qu'il a suivi en cette occasion, M. Monin attribue à un prieur de Vienne ce qui appartient à Geoffroi , prieur du Vigeois, près Limoges.

Pag. 84. Aux détails sur les faits et gestes d'Oger le Danois, on peut ajouter les suivans.

Il était Frison et n'a été surnommé le Danois que parce que les romanciers confondaient le Danemarck et la Frise. Ses aventures, dont le dénouement a été, dans le dixième ou le onzième siecle, écrit en latin sous le titre de *Convertio Othgerii militis et Benedicti ejusdem socii* [manuscrit de la Bibliothèque royale , fonds de Saint-Germain-des-Prés , n° 1607 , *olim* 770, in-16, sur parchemin, fol. 117 , r°—124 , v° (2)],

---

(1) Voyez l'*Examen critique du roman de Berte aux grands pieds*, inséré dans le numéro du *Cabinet de Lecture* du 9 juin 1832. Depuis, cet article a été considérablement augmenté et réimprimé en un petit volume in-12, tiré à cinquante exemplaires , qui se trouve chez Silvestre, rue des Bons-Enfans , n. 30.

(2) Ce manuscrit a été exécuté par plusieurs mains. L'écriture de l'ouvrage dont nous faisons ici mention paraît être du onzième

ont été mises deux fois en rimes françaises durant le treizième siècle, par Raymbert de Paris et par le roi Adam ou Adenez. Le roman du premier est composé de plus de 21600 vers (1); celui du second, qu'il a intitulé *des Enfances Ogier*, en a environ 8000 (2). La traduction en prose qu'en a faite un

---

siècle. Cette légende a été imprimée, d'après trois manuscrits, dans le *Acta Sanctorum ordinis sancti Benedicti*, part. I, siècle IV, p. 662, et dans le *Recueil des Historiens des Gaules et de la France*, par les Bénédictins, tome V, p. 468 C. Voyez aussi le *Gallia christiana*, tome VIII, col. 1688 C.

(3) Il commence ainsi dans le manuscrit de la Bibliothèque Royale, n° 7608-3 ou fonds de Cangé, n° 34 :

> Seigneurs, oyés (que Jhesus bien vous face
> Et le glorieux Père espéritable !)
> De fière geste et de grant vassellage.
> RAYMBERT la fist à la dure couraige;
> JOUGLIERRES fut, si vesqui son éage,
> GENTIS HOMS fu et trestout son lignaige;
> Mainte chançon fist-il de grant barnage.
> Hui mès dirons d'Ogier de Danemarche,
> Le fils Gaufroi, etc.

(1) Le début de ce poëme qui, ainsi que la fin, manque dans le manuscrit du Roi, n° 7630-5. 5. Colb. 5177, se trouve dans une autre copie du même ouvrage, contenue dans le manuscrit de la Bibliothèque Royale, n° 7548-3, Colb. 3548. En voici les premiers vers à partir du treizième :

> Cil jougléor qui ne sorent rimer,
> Ne firent force fors que dou tans passer,
> L'estoire firent en plusours lieus fausser....
> LI ROIS ADANS ne veut plus endurer
> Que li estoire d'Ogier le vassal ber
> Soit corrompue. Pour ce i veut penser
> Tant qu'il le puist à son droit ramener ;
> K'au roi Adam le plaist à commander
> Celui que il ne doit pas refuser
> Que ses commans ne face sanz véer.
> C'est LI QUENS GUIS DE FLANDRES seur la mer,
> Etc.

Cet ouvrage composé comme on le voit à la requête de Guy de Dampierre, comte de Flandres, fils de Guillaume, sire de Dampierre et de Marguerite, comtesse de Flandres, mort le 7 mars 1305, âgé de plus de quatre-vingts-ans, est terminé par un envoi à *la Roynne Marie* de Brabant, fille de Henri III, duc de Bra-

anonyme, est du quinzième siècle et a été imprimée à Paris (vers 1498), pour Antoine Verard, in-folio; à Lyon, par Claude Nourry, en 1525, in-folio, gothique, et par Benoît Rigaud, en 1579, in-8°; à Paris, par Nicolas Bonfons, en 1583, in-4°; lettres rondes; à Troyes, en 1610, in-4°; à Paris, par le Petit Laurent, in-folio; par Nicolas Chrestien, in-4°, gothique; par Nicolas Bonfons, in-4°, gothique; par Alain Lotrian et Denis Janot, in-4°, gothique : ces quatre dernières éditions sans date. Ce roman, en outre, a été traduit en italien sous le titre de *Il libro delle battaglie del cavaliere Ogerio el Danese, in ottava rima*. Milano, Joh.-Ang. Scinzenzeler, 1513, in-4°. Il a été traduit plus tard en danois par un'anonyme, et publié in-8° à Copenhague, en 1707, sous ce titre : *Kong Olger Danskes Kronike, som var Kong Gottricks Son, en veldig Konge her i Danmarckis Rige, i Engeland og Babylonien, etc. Om hans store Manddoms Gierninger, som hand bedrevet haver udi Orlog og Krig, i adskillige Lande og Riger udi Verden, og hvorledis hand haver stridet for den Christelige Tro, og hvad hannem der imod er vederfaret. Gandske nyttelig og lystig at læse og hore.* Cette version, qui a pour auteur un luthérien, et dont nous ne connaissons que la réimpression plus haut citée, est sans doute celle qui a été mise à l'index par le Concile de Trente (*Index librorum prohibitorum per patres à Tridentinâ Synodo delectos*, Romæ, apud Impressores Camerales, 1596, in-8°, pag. 55.)

Enfin, pour compléter autant que possible cette espèce de monographie, nous ajouterons, 1° qu'il existe un ouvrage intitulé : *Visions d'Oger le Danois au royaume de Feerie*, en trois livres, en vers et sans nom d'auteur, imprimé à Paris, par Ponce Roffet, en 1542, in-12, et en 1548, in-8°; 2° que les aventures d'Oger ont eu une suite qui a été imprimée sous ce titre : *Histoire du preux et vaillant chevalier Meurvin, fils d'Oger le Danois, lequel par sa prouesse*

---

bant, mariée au mois d'août 1274, à Philippe III, roi de France. Si, comme nous sommes porté à le croire, la critique que fait Adenez d'un poëme précédent sur le même sujet tombe sur celui de Raymbert, il en résulte que ce dernier vivait au plus tard dans la première moitié du treizième siècle.

conquist Hierusalem, Babylone et plusieurs autres royaumes sur les infidèles. Paris, Pierre Sergent, 1540, in-8°, gothique ; Nicolas Bonfons, 1539, in-4°, gothique; Nicolas Bonfons, in-4°, sans date, lettres rondes, à 2 col. avec fig. en bois.

Nous le répétons, cette partie de la dissertation de M. Monin est excellente en tous points, et nous montre tout ce que la science peut attendre de cet auteur, quand l'étude et l'âge auront développé les facultés qui brillent déjà chez lui d'un si vif éclat. J'aurais désiré cependant que, poursuivant ses recherches historiques, il se fût occupé du comte Salomon, qui figure dans le roman de Roncevaux, et qui paraît n'être autre que Hoël, comte de Nantes, dont il est parlé dans la Chronique de Turpin, édition de Rauber, chapitre XI, lequel périt à Roncevaux. Il est vrai que le romancier fait assister Salomon au *parlement* où Ganelon fut condamné, bien après la bataille ; mais on aperçoit aussi qu'il confond ce premier baron avec Salomon, comte de Bretagne dans le siècle suivant (depuis 857 (1)).

J'aurais voulu aussi que M. Monin nous dît qu'il existe dans la Bibliothèque Bodléienne, sous le n° 1624 un ancien roman manuscrit, en vers français de dix syllabes. « Ce roman, dit Tyrwhitt (2), qui n'a pas de titre dans le manuscrit, pourrait être une plus ancienne copie de celui que Du Cange cite fréquemment sous le titre de *Roman de Roncevaux.* L'auteur s'appelait Turold, comme il appert d'après le dernier vers :

Ci fait le geste que Turold declinet.

Il n'est mentionné par aucun des écrivains de l'histoire de la littérature française que j'ai vus. »

En outre M. Monin eût pu nous apprendre que la bataille de Roncevaux est le sujet d'un poème composé en allemand en 1173-1177, par le Pfaff Konrad, dont un fragment est imprimé dans le *Thesaurus antiquitatum teutonicarum*

---

(1) *Salcmon de Bretaigne, le ber* et *Hoël de Nantes* figurent tous deux en même temps dans les *Enfances Ogier.* Voyez le Ms. 7548-3, fol. xi, r°, vers 1 et 9.

(2) *Canterbury tales of Chaucer.* Oxford, at the Clarendon press, 1798, in-4°, tom. II, p. 483.

de Jean Schilter. *Ulmæ, sumptibus Danielis Bartho-lomæi*, tome II, M DCC XXVII, in-folio; que le Stricker a aussi composé un poème sur le même sujet dans la première moitié du treizième siècle, poème qui se trouve encore dans la collection de Schilter (1).

Le volume est terminé par un des plus beaux morceaux de la chronique attribuée à Turpin, extrait de la traduction française contenue dans les chroniques de Saint-Denys.

Résumons maintenant notre opinion sur cette dissertation.

Elle est en tout point fort remarquable, tant sous le rapport de l'importance du sujet, que sous celui de la science philologique et des connaissances historiques que l'auteur déploie à tout moment en y joignant des considérations philosophiques très élevées. De plus, M. Monin se pose les graves questions que fait naître son sujet, et les résout d'une manière satisfaisante, en tant qu'elles sont solubles aujourd'hui. En un mot, cette dissertation lève un des mille voiles qui couvrent encore à nos yeux l'immense cycle poétique de Charlemagne, et mérite à son auteur la reconnaissance des savans.

---

(1) Voyez aussi Goerres (*Die teutschen volksbuecher*. Heidelberg, ben Mohr und Zimmer, 1807, in-12, note de la pag. 126), qui parle de ces romans et cite vingt vers de l'un d'eux.

FIN.

IMPRIMERIE ET FONDERIE DE RIGNOUX ET Cᴵᴱ,
RUE DES FRANCS-BOURGEOIS-S.-MICHEL, Nᵒ 8.